KATJA WEGENER

HERZSTÜCKE IN SÜDTIROL

BESONDERES ABSEITS DER BEKANNTEN WEGE **ENTDECKEN**

BRUCKMANN

Liebe Leserin, lieber Leser,

sanfte Almen, schroffe Gipfel, liebliche Städtchen und eine vom Genuss geprägte Kulinarik – der Norden Italiens ist bekannt für seine faszinierenden Landschaften mit atemberaubenden Ausblicken, die wie Balsam für die Seele wirken. Es ist eine unfassbar schöne Reise durch Südtirol, auf die ich Sie mitnehmen möchte. Burgkultur, Bauernhofidylle und Bergmoment trifft auf bezaubernd mediterranes Flair – so kennen Sie Südtirol aus unzähligen Reiseführern. Doch gibt es wirklich auch noch das »Besondere abseits der touristischen Trampelpfade«? Es heißt: Um klar zu sehen, genügt oft ein Wechsel des Blickwinkels. Und um Neues kennenzulernen, reicht manchmal schon ein kleiner Schritt in eine andere Richtung. Genau dieser Perspektivenwechsel ist es, der uns Bekanntes neu entdecken, Altes neu erkunden, wunderbare Orte im Moment genießen und die Magie Südtirols in all ihren Facetten erleben lässt. Ob Auszeit oder Abenteuer, Genuss oder Erlebnis – Alto Adige zaubert jedem ein Lächeln ins Gesicht, versprochen!

Ihre

Katja Wegener

IMMER EINE SÜNDE WERT!

MEINE LIEBLINGSLÄDEN ZUM ESSEN, TRINKEN UND EINKAUFEN

01 ITALIENS EINZIGE WHISKYDESTILLERIE

Passen Südtirol und Whisky wirklich zusammen? Vater und Sohn Ebensperger in Glurns beantworten diese Frage mit einem ganz klaren Ja. Hochprozentig Südtirol eben.

So ungewöhnlich Whisky in Südtirol, so eindrucksvoll ist auch das Ambiente, in dem er entsteht. In einem Klotz aus Hanf-Ziegelstein, verpackt in einer extravaganten Außenhülle, produziert Familie Ebensperger seit 2010 in Glurns ausschließlich Whisky. In den kupfernen Brennkesseln, dem Herzstück der Anlage, wird der Grundstoff der Spirituose verarbeitet: Roggen und Weizen, die auf den Feldern rund um Glurns wachsen. Reines Gebirgsquellwasser vom Nationalpark Stilfserjoch und das abwechslungsreiche Klima sorgen für ideale Voraussetzungen, um im oberen Vinschgau einen »Italian Malt Whisky« der Extraklasse herzustellen. Kombiniert man traditionelle Herstellungsmethoden mit innovativer Wissenschaft, entsteht dank präziser und schonender Destillation ein außergewöhnliches Produkt. Stylisch und modern sind hier nicht nur die genussvollen Erzeugnisse, auch das coole Gebäude bietet interessante Ein- und Ausblicke.

Whiskyliebhaber dürfen sich eine Verkostung der Puni Whiskys im architektonisch spannenden Keller nicht entgehen lassen.

Um Abwechslung und die besondere Note in den Whiskygeschmack zu bringen, experimentieren die Braumeister regelmäßig mit der Lagerung in unterschiedlichen Fässern. So modern die Optik der Produktion, so klassisch ist die Form der Whiskyflaschen. Ihre geheimnisvolle Darstellung verleiht das moderne 360-Grad-Etikett, das einlädt, die Geschichte hinter dem Inhalt zu entdecken.

Ein besonderes Erlebnis ist es, eine umfassende Destillerie-Tour zu erleben. Wissen aus erster Hand, spannende Einblicke und eine außergewöhnliche Verkostung sorgen für puren Genuss.

Puni Whisky · Am Mühlbach 2 · 39020 Glurns (BZ) · Nov.–März Mi–Fr 10–14, Sa 10–12.30, April–Okt. Mi–Fr 10–16, Sa 10–12.30 Uhr · www.puni.com · Haltestelle: Handwerker Zone, Bus 252, 271, 274

TIERISCH GUTE HAUTPFLEGE

02

Denkt man an die Kraft Südtiroler Naturkosmetik, hält man einen bunten Strauß aus Pflanzen, Kräutern und Früchten aus der natürlichen Vielfalt der Flora und Fauna in den Händen – urwüchsige Wirkstofflieferanten für hochwertige Schönheitselexiere.

Warum ein wertvolles Nebenprodukt vergeuden, das ganz ohne Transportwege seine hochwertige Wirkung entfalten könnte? Diese Frage brachte Käsesommelier Manuel Zingerle auf eine Idee. Molke, ein eigentlich ungenutztes Produkt, das bei der Herstellung seines Ziegenkäses anfällt, ist reich an natürlicher Milchsäure, die den pH-Wert reguliert, vor Stress schützt und dank ihrer Feuchtigkeit ein samtig-weiches Hautgefühl hinterlässt. Was üblicherweise an Schweine verfüttert wird, findet auf dem 1200 Meter hoch gelegenen Unteregger Hof nun seinen Weg in pflegende Ziegenmilch-Kosmetik. Sanft aufgetragen, schützen wertvolle Inhaltsstoffe wie B-Vitamin, Calcium und Molkeprotein die Haut vor freien Radikalen, Antioxidantien und damit vor schädlichen Umwelteinflüssen. Natürliches Anti-Aging! So haben sich für Unteregger neben der Herstellung verschiedener Hart- und Weichkäsesorten mit so klangvollen Namen wie »Sissi«, »Friedl« oder »Berni« Produkte wie Bodylotion, Facecreme und Co als perfekte Lösung erwiesen, um den kostbaren Rohstoff Ziegenmilch zur Gänze zu nutzen. Jeder Tropfen der insgesamt 350 Liter Milch täglich findet so eine sinnvolle Verwendung.

Übrigens: Schmackhafter Ziegenkäse ist aufgrund seines geringeren Fettgehaltes bekömmlicher und kalorienärmer als Kuhmilchkäse. Und wenn Sie nun neugierig geworden sind, wie aus der Milch von mehr als 160 meckernden Edelziegen köstlicher Käse entsteht, empfiehlt sich eine spannende Hofführung inklusive Käseverkostung. Als krönender Abschluss lockt ein Besuch des bäuerlichen Hofladens, in dem sich so manch selbst gemachte Südtirol-Köstlichkeit entdecken lässt, von Fruchtaufstrichen über Chutneys und Trockenobst und Säften bis hin zu Kräutertees, Speck und Wein aus der Region.

Unteregger – Bauernladen & Hofkäserei · Unterlände 3 · 39037 Vals/Mühlbach · Mo–Sa 9–11 & 14–18 Uhr oder nach Vereinbarung · www.unteregger.it · Haltestelle: Badwirt, Bus 412

03 FAST FOOD DER EXPLOSIVEN ART

Trutzig steht er da, der alte Bergfried mit seinem modernen Innenleben aus stählernen Stiegen. Steigt man am Ende des Tappeinerweges auf den Pulverturm, lässt sich gratis der wohl beste Ausblick über die Dächer Merans erleben.

Faszinierend schön ist die 360-Grad-Aussicht vom Etschtal bis ins untere Vinschgau. Von der Aussichtsplattform des gut 20 Meter hohen ehemaligen Bergfrieds der Burg Ortenstein ist das Burggrafenland bestens zu überblicken. Die zauberhaften Ortschaften Lana, Marling, Schenna und Algund liegen ebenso wie die historische Meraner Stadtkirche unverbaubar in der Ferne. Die Burg ist inzwischen Geschichte, der Turm hingegen, der im 30-jährigen Krieg als Schießpulverlager diente, ist zu einem steinernen Wahrzeichen geworden. Frühmorgens, wenn Meran noch schläft, oder in der Dämmerung, wenn der Himmel noch nicht gänzlich ins Nachtblau übergegangen ist, sich der Tag aber bereits verabschiedet hat, entsteht eine fast magische Atmosphäre hoch über den Dächern der Kurstadt.

> Schweben Sie mit dem Sessellift hinauf nach Dorf Tirol, schlendern Sie dann den Tappeinerweg hinunter und kehren Sie zum krönenden Abschluss im PulverSturm ein.

Im Schatten des historischen Turms befindet sich der wohl charmanteste Kiosk der Stadt, gleichzeitig auch uriges Café, bester Burgerladen und süßer Biergarten mit Hippie-Atmosphäre – der richtige Begriff für den *Chiosco* PulverSturm von Barbara Marchi wurde einfach noch nicht gefunden. Aus regionalen Zutaten werden hier neben Burgern auch leckere Südtiroler »Marende« (eine traditionelle Südtiroler Brotzeit), selbst gebackene Kuchen und saisonale Köstlichkeiten zu humanen Preisen serviert. Es gibt Klassisches und Veganes, auch mal fangfrischen Fisch, wenn der Vater erfolgreich war, oder mit etwas Glück Barbecue im winzigen Garten hinter dem kleinen Kiosk. Abends treffen sich hier die Meraner, um gemütlich einen Veneziano oder zur Zeit der Weinlese auch einen frischen Suser (Federweißer) zu genießen.

Kiosk PulverSturm · Tappeinerweg 3 · 39012 Meran · Di–So 10–18 Uhr · Haltestelle: Via S. Giorgio, Bus 221, 240, N240

Kronlechner Hof

DER HIMMEL IST RUND

04

Sie sind typisch für Südtirol. Mal mit Speck, mal mit Spinat, Roter Bete oder Käse. Was alle vereint: Sie sind einfach köstlich - und dabei gar nicht so schwer selbst zu machen: das runde Südtiroler Knödel Tris.

»Urlaub auf dem Bauernhof« – in Südtirol ist zu diesem Thema alles unter dem lustigen Logo des Roten Hahns vereint. Gäste locken nicht nur attraktive Unterkünfte, sondern auch hochwertige Produkte von bäuerlichen Direktvermarktern, köstliche Hausmannskost und echtes bäuerliches Handwerk – ursprünglich, authentisch, selbst gemacht. Wie auf dem Kronlechnerhof am Fuße des Rosengartens inmitten der atemberaubenden Landschaft des Eggentals.

Der Kronlechnerhof bietet auch Ferienwohnungen für den (Familien-)Urlaub auf dem Bauernhof an - ein wunderbares Naturerlebnis für Groß und Klein.

Zur Begrüßung steht bei dem von uns gebuchten Knödelseminar eine lehrreiche Runde durch den Gemüse- und Kräutergarten auf dem Programm. Heimische Pflanzen, die liebevoll vermehrt, gehegt und verarbeitet werden. Zum einen in der eigenen kleinen Kochschule, zum anderen im regionalen Eggentaler Netzwerk aus Bauern und Gastronomie. »Vom Hof auf den Teller« – das funktioniert hier nahezu ohne weitere Streckenkilometer.

Auch für »unsere« Knödel findet sich einiges vor Ort, vom Bärlauch über längst vergessene Wildkräuter bis zur hofeigenen Milch, die frisch gemolken verarbeitet wird. Nun wird gemischt, gerührt, gerollt, denn bei einem Knödelseminar heißt es selbst Hand anlegen. Wertvolle Tipps für die besten Zutaten und wirkungsvolle kleine Kniffe für die Zubereitung, gepaart mit ganz viel Liebe zum Detail, kommen direkt aus der Bäuerinnenküche. Ein gelungenes Event, das für jede Menge guter Laune und Spaß sorgt.

Fröhlich wollten wir die Knödel eigentlich im heißen Wasser blubbern lassen … doch falsch gedacht: Hier zaubert ein Dampfgarer die perfekte Konsistenz. Spannende Wissensvermittlung, bevor es am blumig gedeckten Tisch gemeinsam ans Verzehren der runden Köstlichkeiten geht.

Knödelseminar auf dem Kronlechner Hof · Gummerer Str. 67 · 39056 Welschnofen · www.kronlechnerhof.com · Haltestelle: Kohler Kreuz

05 VOM MODEDESIGN ZUR SCHNAPSBRENNERIN

Es gibt Orte, die sind so besonders, dass sie sich nicht beschreiben lassen. Der historische Gaudententurm im Ortskern von Partschins gehört ebenso wie seine Bewohnerin definitiv in diese Kategorie. Christine Schönweger ist die erste (und bisher einzige!) Hofbrennerin Südtirols und ganz nebenbei eine talentierte Traktorfahrerin. Sie brennt aus Leidenschaft edelste Brände in ihrer Hofbrennerei. So außergewöhnlich wie die Aromenvielfalt der fruchtigen Tropfen ist auch die Biografie ihrer Schöpferin. Erst der Umweg über die Fakultät für Modedesign in Mailand führte Christine Schönweger zu ihrer wahren Leidenschaft. Seit nunmehr 27 Jahren bewirtschaftet sie die Obst- und Weingärten des heimischen Gutshofs und brennt mit Hingabe und feinstem Gespür ihre edlen Brände.

Hofbrennerei Gaudenz · Gaudententurmstr. 7 · 39020 Partschins · www.hofbrennerei.com · Haltestelle: Partschins Parkdeck, Bus 213, 265, 266, 268

06 SÜSSE VERSUCHUNG – FÜNF NACH ACHT

»Ein gutes Stück Schokolade findet immer seinen Platz!« Also ist René Romen ausgezogen, um sich seine Sporen in der Ferne zu verdienen und das Erlernte später mitten in seiner Heimatstadt Meran umzusetzen und so seinen ganz eigenen Schokoladentraum wahr werden zu lassen.

Die urbane Lässigkeit hat er von seiner letzten Station als Produktionsleiter einer Londoner Schokoladenmanufaktur in die kleine Hintergasse mitgebracht. Hier zaubert der kreative Chocolatier von der Kakaobohne bis zur fertigen Tafel mit handwerklichem Geschick ohne unnötige Zutaten Köstlichkeiten, denen niemand widerstehen will und kann. Denn wie sagt der Chocolatier ganz gelassen: »Das Leben ist zu kurz für schlechte Schokoriegel.« Oder besser gesagt: »For diet it's too late!« Also am besten gleich reinbeißen und genießen!

5ifty 8ight Chocolate · Rennweg 47 · 39012 Meran · www.58chocolate.com · Haltestelle: Rennweg, fast alle Buslinien (u. a. 3, 5, 6, 210, 21)

5IFTY
8IGHT
FOR DIET IT'S TOO LATE!

FRÜHSTÜCK IM GARTENPARADIES

07

Bio? Ja bitte! Langeweile? Nein danke! So könnte der Slogan lauten für dieses kleine, bunte Paradies. Weich vermischt sich der köstliche Duft von selbst gebackenem Brot mit dem peppiger Fruchtkreationen. Zauberhafte Nischen mit farbenfrohen Sitzgelegenheiten, umgeben von stilvollen Kunstobjekten, laden zum Verweilen ein.

Es ist ein Geheimtipp für Auszeitgenießer und Lebenskünstler. Was im Runstner Hof Café mit ganz viel Liebe zu köstlichen Spezialitäten verarbeitet wird, wurde zuvor fair, echt und ehrlich bei regionalen Produzenten eingekauft und mit biologisch Angebautem aus dem hofeigenen Obst- und Gemüsegarten kombiniert. Duftende Kuchen, frische Säfte und knackiges Obst sorgen für puren Genuss bei einem kurzen (meist aber rasch zu einem länger ausgedehnten) Coffee Break im gemütlichen Tagescafé. Wenn es allerdings heißt »Breakfast is King«, ist eine Reservierung vorab ein Muss für ein ausgiebiges Frühstück! Spätestens dann sind dem Schlemmen vom zauberhaft angerichteten Büfett keine Grenzen gesetzt.

> Fragen Sie nach, ob Sie im historischen Keller einen Blick auf den heiligen Urban werfen dürfen – einen der wenigen noch existierenden Hofheiligen Südtirols.

Betrachtet man die Steinmauern im Keller, die bis ins 14. Jahrhundert zurückreichen, wird sofort klar: Auf diesem besonderen alten Bauernhof mitten im Etschtal zwischen Bozen und Meran, genauer gesagt im romantischen Gargazon, darf Altes bleiben und gleichzeitig Neues entstehen. Der Ort mit seinen bunten Farben, frischen Düften und herrlichen Aromen bietet ein wahres Fest für das Auge, Genuss für den Gaumen und Ruhe fürs Gemüt – kurz: ein wertvolles Stück Lebensqualität an einem wahren Glücksort. Auf dem gesamten Bauernhof finden sich zudem liebevoll erschaffene Werke der Künstlerin Martha Zischg. Ein genauer Blick darauf ist empfehlenswert, denn ihr Atelier befindet sich ebenfalls im wundervollen Gartentraum des Rustner Hof Cafés.

Runstner Hof Café · Rustner Weg 1 · 39010 Gargazon · Mi–So 8–13 Uhr · www.runstnerhofcafe.com/ · Haltestelle: Gargazon, Rathaus, Bus 215

08 GENUSS AUS DER MANUFAKTUR

Wie schmeckt eigentlich das Pustertal? Süß, fruchtig, alpenländisch … man könnte noch lange so weiterschwärmen, doch noch besser ist, es einfach selbst zu probieren.

Traditionelle und moderne Rezepte sorgen für außergewöhnliche Kompositionen, wenn auf 1250 Metern über dem Meeresspiegel das köstliche Obst, entweder vom eigenen Feld oder bevorzugt aus lokalem Anbau, den Weg ins Glas findet. Wenn erstklassige Früchte zu exklusiven Aufstrichen, leckeren Chutneys und typischer Südtiroler Beerenmarmelade verarbeitet werden.

Genießen Sie diese Köstlichkeiten bei einem Picknick auf einer kleinen Wanderung um den Pragser Wildsee – am besten abends, wenn die Touristen weg sind.

Aus einer Vision, die beim »Heidelbeeren-Naschen« entstand, ist mit Alpe Pragas eine Manufaktur geworden, die jeden anspruchsvollen Genießer verwöhnt. Dass den hochwertigen Rohwaren keine künstlichen Zusatzstoffe zugeführt und sie schonend verarbeitet werden, versteht sich von selbst. Und auch Nachhaltigkeit ist für Gründer Stefan Gruber kein leerer Begriff. Kontinuierlich arbeitet er bei der praktischen Umsetzung seiner Ideen und Projekte an wirkungsvollen Maßnahmen zu deren Verbesserung – je geringer die Umweltbelastung, desto zukunftsfähiger ist das Produkt.

Unweit des berühmten Pragser Wildsees, inmitten malerischer Almen und umgeben von den majestätischen Dolomiten, entstehen heute dank eines Teams aus Fruchtaffineuren unwiderstehliche Kreationen. Wenn Stefan Gruber seinen Kochlöffel schwenkt, trifft Bewährtes auf Innovation und Köstliches auf Raffinesse. Seit mehr als 20 Jahren heißt es bei ihm: »Feinste Früchte – erntefrisch ins Glas«. Und das schmeckt köstlich, natürlich und unverfälscht. In jedem Glas stecken mindestens 70 Prozent Fruchtanteil. Wer durch den Laden stöbert und sich genussvoll durch Mostard mit grüner Tomate oder mit Birne & Safran, heidelbeerigen Smoothie oder sauerkirschigen Fruchtaufstrich kostet, schmeckt die pure Liebe zum Detail.

Alpe Pragas · Ausserprags 38 · 39030 Prags · Mo–Fr 8–19, Sa & So 9–19 Uhr · www.alpepragas.com · Haltestelle: Untergasse, Bus 439, 442, 443

ALPE PRAGAS
DOLOMITES

1/2 MITTOG
take time for happiness

EINE »VOLLE LADUNG GÖNNUNG!«

09

Raus in die Natur und zum Picknick! Oder lieber doch ganz gemütlich in den eigenen vier Wänden brunchen? Für beide Varianten gibt es eine ganz einfache Lösung.

Eine einzige Brunch-Box bringt am Wochenende alles auf den Tisch, was das kulinarische Herz begehrt: Fruchtiges wie Cremiges, Salziges ebenso wie Süßes. Wer sich durch fluffig-weiche Süßspeisen, deftige Backspezialitäten und andere verführerische Leckereien kostet, kann die Qualität dieser Südtiroler Produkte schmecken. Die vom Unternehmen Holbmittog gelieferten Boxen mit außergewöhnlichen »Goodies« sind zu 90 Prozent hausgemacht und sollen den Kunden Zeit sparen und Zeit schenken – zum Zurücklehnen, Genießen und Beisammensein.

Wo der ausgedehnte Wochenend-Brunch oder -Lunch eingenommen wird, entscheidet jeder selbst – das ist auch das Besondere an dieser Boxen-Idee: Niemand muss ins Lokal, sondern kann sich seinen ganz individuellen Lieblingsplatz suchen, um all diese Köstlichkeiten zu genießen. Vielleicht zu Hause im Bett? Oder – vollgetankt mit Frischluft, die Purzelbäume in der Lunge schlägt – inmitten duftender Wiesenkräuter, die durch die Nase strömen, mit Vogelgezwitscher statt Alltagsstress? Auf watteweichem Boden liegt eine Picknickdecke mit einer Brunch-Box de luxe, deren Inhalt dem Gaumen schmeichelt und die Seele verwöhnt. Eine »Volle Ladung Gönnung« eben, wie sie Holbmittog werbewirksam verspricht.

Bestellt wird bis zum Vortag (16 Uhr) des Lieferdatums im Internet und die Lieferung im Raum Meran und Umgebung sogar kostenfrei. Zur Wahl stehen mehrere Box-Varianten mit unterschiedlichen Inhalten, neben einer klassischen Brunch-Box etwa eine Brötchen- oder eine Bagel-Box. Jetzt heißt es wohl nur noch: aufmachen und genießen!

Auf der Suche nach einem geeigneten Picknick-Platz finden sich hier im Buch zahlreiche passende und kreative Ideen. Ob unter alten Bäumen, am Wasserfall, mit Bergblick oder doch lieber am See? Wer den Genuss will, hat die Qual der Wahl.

Holbmittog · Feldg. 9 · 39025 Naturns · www.holbmittog.com

10 REISE INS KAFFEE-UNIVERSUM

Ein verführerischer Duft weht durch die Rösterei in Völs am Fuße des Schlern. Gut gelaunt kommt der erste Kaffee-Sommelier Italiens um die Ecke und nimmt uns mit auf eine Reise durch die Welt seines Lieblingsgetränks.

Gegründet hat Röstmeister Valentin Hofer Caroma 1995. Beim ersten Kaffee-Sommelier Italiens wird bei jedem Wort seine Liebe zum Kaffee spürbar. Das Unternehmen, das Hofer gemeinsam mit seiner Frau Irmi führt, ist stetig gewachsen und hat sich inzwischen auch international einen Namen gemacht. Ausgesuchte Rohkaffeebohnen aus aller Welt werden im Trommelröster in einem schonenden Langzeitröstverfahren zu aromatisch-schwarzem Gold veredelt.

Neben Führung, Verkauf und Schulung unbedingt im Kaffeeladen schon frühmorgens all das genießen, was man zum Wachwerden braucht.

Auch die Kurse und Schulungen, die Valentin Hofer hält, zeugen von seiner Faszination und Leidenschaft für die Bohne. Dabei vermittelt er alles rund um die Kaffeezubereitung und erzählt spannende Fakten über unterschiedliche Anbauländer, Sorten, Qualität und den fairen Handel mit den Kaffeebauern vor Ort. Wie wichtig dabei der sorgfältige, verantwortungsvolle Umgang mit Ressourcen und dem Thema Klimaschutz ist, zeigt sich beim Rundgang durch das beeindruckende »Coffeeseum« (eine Rösterei-Besichtigung kann ganz einfach online gebucht werden). Nicht zu vergessen der Blick in den kleinen Kaffeegarten vor Ort, der zeigt, wie das Rohprodukt wächst.

Was einst ganz klein aus persönlicher Leidenschaft für den schwarzen Muntermacher begann, ist heute eine Rösterei samt Schulungszentrum gleich darüber. Spätestens hier, wenn der Kaffee-Missionar zwischen seinen weit über 2000 gesammelten Kaffeemühlen verschmitzt über seine Passion philosophiert, springt seine Leidenschaft auf jeden Besucher über. Die praktischen Tipps vom Kaffee-Experten gibt es selbstverständlich gratis dazu.

Caroma · St. Anton 92 · 39050 Völs am Schlern · Mo–Fr 8–12 & 13–17.30, Sa 8–12 Uhr · www.caroma.info · Haltestelle: St. Anton, Bus 13, 170, 176, N170

Product of Honduras
Washed Arabica Coffee
BOURBON
CAFÉS DO BRASIL
COMSA
PERGAMINO
SUL DE MINAS
Sandalj
Italian coffee passion
002/1346/0461

BROT AUS DEN GENUSSWERKSTÄTTEN

11

Das frische Brot ist noch warm. Ein Geruch aus Kindheitstagen entweicht dem heißen Holzofen und weckt Erinnerungen. Doch bevor wir uns dem Genuss hingeben können, müssen wir ihn uns erst verdienen: also kneten, formen und ab in den Ofen.

Wer kulinarisch traditionell im Vinschgau unterwegs ist, kommt an einer echten Berühmtheit nicht vorbei: dem Vinschger Paarlbrot. Nachweislich bereits im 13. Jahrhundert von Mönchen der Benediktinerabtei Marienberg bei Burgeis erfunden, war es lange überlebenswichtig – und leicht verdaulich dank Sauerteig aus Roggen-, Weizen- und Dinkelmehl und der Beigabe von Kümmel, Rotklee, Fenchel und Anis. Wie das Schüttelbrot auch sind die »Vinschgerl« haltbare Brotsorten, die heute gemeinsam mit Kaminwurzen, Speck und würzigem Vinschger Almkäse zu einer traditionellen »Marende« dazugehören.

> Von hier lohnt sich ein Abstecher in den sonnigen Biergarten des Aschbacher Hofs – nicht nur, aber auch wegen der hausgemachten Torten.

Ein ganz besonderes Highlight ist ein Brotbackkurs bei Elisabeth und Ernst vom Tholer-Hof im Algunder Bergdorf Aschbach. Beim gemeinsamen Brotbacken gibt es nicht nur den Blick hinter die Kulissen und so manch geheime Erkenntnis rund um das Südtiroler Paarlbrot. Hier wird auch intensiv geknetet und geformt, bevor im urigen Steinofen auf traditionelle Weise die eigenen Algunder Semmeln gebacken und anschließend natürlich gleich verkostet werden – spannend, lehrreich und schmackhaft zugleich.

Übrigens bieten alle unter »Meraner Genusswerkstätten« zusammengeschlossenen Betriebe eine Bühne zum Mitmachen. In lockerer Atmosphäre heißt es auf unterschiedlichen Höfen, kulinarische Highlights zu erleben, vom Kochkurs mit lokal angebauten und veredelten Produkten bis hin zu ausgefallenen Kreationen traditioneller Gerichte, die den alpin-mediterranen Charakter des Meraner Landes widerspiegeln. Wer möchte, kann aber natürlich auch einfach nur genussvoll speisen.

Tholer · Aschbach 9 · 39022 Algund · www.tholer.com · Anreise mit der Seilbahn

12 IM BUNKER MIT DEM MILCH-GOLDSCHMIED

Was haben unterirdische Relikte aus dem Zweiten Weltkrieg mit japanischem Sake, Whiskyfässern, Kaffee und Käse zu tun? Diese Frage stellt sich unweigerlich beim Treffen mit dem Südtiroler Sternekoch und Käse-Affineur Hansi Baumgartner.

Temperatur, Belüftung, Dunkelheit, Luftfeuchtigkeit – all das muss während des gesamten Jahres konstant sein, um ideale Bedingungen für die Käsereifung zu bieten. Unter der Erde, in alten Bunkern in der Nähe von Brixen, wurde der Spezialist für Käseverarbeitung schließlich fündig. Doch der Reifungsort alleine ist es nicht … Mit fachlichem Wissen, einer sicheren Hand für Geschmacksnuancen und Geruchskombinationen sowie einer außergewöhnlichen Leidenschaft für Käse kreiert Hansi Baumgartner seine einzigartige Produktpalette. Unverrückbar ist sein Qualitätsanspruch an die besten Rohmilchkäse, die aus der ganzen Welt stammen, um durch Veredelung zu wahren Käseschätzen zu werden. So entsteht beispielsweise Chocbert, ein Ziegenweichkäse mit einer Füllung aus Bitterschokolade. Oder Berg Lagrein, ein Kuhrohmilch-Schnittkäse, der in Trester gelagert wird. Und Otello, ein Büffelmilchkäse mit Balsamico-Rinde. Ständig erfindet er neue Nischenprodukte, die das Herz jedes Käseliebhabers höherschlagen lassen und gleichzeitig den Kreis zu regionalen Produzenten schließen. So wird der köstliche Rotschimmelkäse Kaffalat regelmäßig mit Caroma-Kaffee aus Völs am Schlern (s. S. 22) eingerieben.

Wenn Sie nun Appetit auf mehr bekommen haben, können Sie viele dieser außergewöhnlichen Käseschätze ganz klassisch im Shop erwerben.

Es ist wahrlich eine Offenbarung, sich auf das kulinarische Erlebnis einer geführten Degustation einzulassen – eine Reise zu sorgfältig ausgewählten Rohstoffen, die dank Tradition, Innovation und der nötigen Liebe zum Detail in langsamer Reifung ihren Wert neu entdecken lassen.

Degust Affineur Käserei · Bsackerau 1 · 39040 Vahrn ·
Mo, Di, Mi, Fr 9–12.30 & 14–18, Sa 9–12 Uhr · www.degust.com ·
Haltestelle: Vahrn, Defreggerweg, Bus 310, 320.1, 320.4, 326, 401, N310

DAS GLÜCK ZWISCHEN MODE UND FRÜHSTÜCK

13

Wer gerne in Ruhe mit einem ausgiebigen Brunch in den Tag startet, wird »beglückt« sein. Dabei ist das La Nonnaglück nicht mal ein klassisches Café, sondern vielmehr ein stylischer Ort, an dem es sich vorzüglich zwischen herrlich designter Kleidung speisen lässt.

»Wenn es dich glücklich macht, mach es öfter!« Schöner könnte das Motto des innen wie außen bestuhlten Boutique-Cafés im Zentrum von Kaltern wohl kaum lauten, stand doch die Großmutter von Besitzerin Mara nicht nur mit ihrem geheimen Rezeptbuch Patin, sondern auch mit ihrem »glücklichen« Nachnamen.

> Bummeln Sie nach einem ausgiebigen Frühstück durch die Gassen von Kaltern und machen Sie anschließend einen Abstecher an den Kalterer See.

An der Fußgängerzone, die ab 10 Uhr autofrei ist, sitzt man gemütlich unter großen Sonnenschirmen am plätschernden Brunnen, wo es Frühstück à la carte oder (auf Vorbestellung) Brunchplatten gibt, reichlich bestückt mit Obst und hausgemachtem Knuspermüsli, kleinen Schälchen mit allerlei Leckereien und Scheibchen hiervon und davon. Hier darf man einfach genießen, und das einen unendlichen Augenblick lang. Wer innen sitzt, wird vom historischen Gewölbekeller begeistert sein. Samtigbunte Sitzgelegenheiten finden sich zwischen außergewöhnlicher Mode, manch schönem Accessoire und vielen wunderbaren Geschenkideen. Es ist ein Treffpunkt für Stilbewusste inmitten eines Interior-Designs von hip bis charmant. Denn in alten Gemäuern treffen die jüngsten Modetrends auf aktuelle Geschichten.

Wie schön, dass es das »Oma Glück« gleich dreifach gibt. Drei Generationen starker Frauen mit einem Faible für die schönen Dinge des Lebens haben neben dem Boutique-Café auch ein entsprechendes Designhotel und Apartments geschaffen, die die Sehnsucht nach Urlaub im Glück stillen.

Gius La Nonnaglück · Maria von Buolplatz 4 · 39052 Kaltern · Mo–Sa 8.30–18 Uhr, Dez. auch So geöffnet · www.designhotel-kaltern.com/la-nonnaglueck · Haltestelle: Bahnhofstraße, Bus 135.4, 135.5; Haltestelle: Maria Theresienstraße, Bus 131, 132, 133, 135.4, 135.5, 136, 137, 138, N131

14 KNUSPRIG UND WEICH

Es sind die wenigen ausgesuchten Zutaten, die den Unterschied ausmachen. Und natürlich die Zeit. In der Bäckerei Forno wird der Sauerteig aus Wasser und Biomehlen der Meraner Mühle ohne Zugabe zusätzlicher Hefen selbst hergestellt und darf dann erst mal ruhen.

Brot ist ein Lebensmittel im wahrsten Sinn des Wortes. In Südtirol, am Schnittpunkt nördlicher und südlicher Kulturen und Sprachen, kann die Brotkultur mit einigen Besonderheiten aufwarten. Brotbacken hat hier eine lange Tradition, die bis in die jüngere Steinzeit zurückreicht. Aufgrund der besonderen klimatischen und geografischen Gegebenheiten wurde der Vinschgau lange Zeit als »Kornkammer Tirols« bezeichnet, die den Bauern mit Weizen, Gerste, Hafer und Buchweizen ein gutes Einkommen brachte.

Backen war extrem aufwendig, deshalb wurde höchstens viermal pro Jahr im hofeigenen Steinofen gebacken, dafür aber in der Regel gleich Dutzende Brote. Mehl, Wasser, Sauerteig, Salz und viel Zeit, hin und wieder geschmackvolle Kräuter wie Brotklee, Kümmel oder Anis … mehr brauchte es nicht, um in geübter Handarbeit Brot zu backen.

Daran hat sich bis heute nichts geändert. In seiner offenen Backstube im Rennweg in Meran wiegt, knetet, formt und bäckt Ivo De Pellegrin das Brot in kompletter Transparenz und lässt dem Teig viel Zeit. Genauer gesagt braucht der Sauerteig drei Tage, bevor er gebacken wird – eine »Langzeitführung«, die man schmeckt. Knusprig die Kruste, weich die Krume – so ist es besser verdaulich, und auch die Haltbarkeit verlängert sich durch einen hohen Wasseranteil im Brot.

Zugegeben, es ist ein bisschen schwierig, an die extrem nachgefragten und überaus leckeren Brote von Forno zu kommen. Nur drei Tage die Woche ist der Laden für den Verkauf der (am besten vorbestellten) Brote geöffnet. Beim leidenschaftlichen Bäcker sind nur wenige, dafür aber ganz besondere Brotsorten wie Dinkel-Emmer-Roggen-Vollkornbrot, Weizen-Einkorn-Brot mit Buchweizenporridge, Pane del Sud oder fluffige Focaccia erhältlich.

Forno Ivo De Pellegrin · Rennweg 141A · 39012 Meran · Mi & Sa 9–13 Uhr · www.forno.me · Haltestelle: Rennweg, fast alle Buslinien (u. a. 3, 4, 5, 22, 245, 261, N240)

ZIEGELLO
im CANAPIZ

KÄSE MIT ALLEN SINNEN GENIESSEN

15

Hier kann man staunen, erleben und verkosten: Die Feinkäserei Capriz ist eine Mischung aus Schaukäserei, Museum und exklusivem Geschäft - eigenwillig wie eine Ziege, genussvoll wie die Landschaft und spannend wie eine uralte Tradition.

»Wenn Leidenschaft zum Genuss wird.« So lässt sich ein Besuch in der Feinkäserei Capriz in einem Satz zusammenfassen. Ob per Rad, mit dem Auto oder öffentlich mit dem Zug: Auf dem Weg durch das Pustertal kommt man in Vintl fast unweigerlich an einer außergewöhnlichen Erlebniswelt vorbei. Hier heißt es, Käse mit allen Sinnen erfahren, ob im interaktiven Käsemuseum, bei einem umfangreichen Blick in die gläserne Produktion oder ganz gemütlich im Bistro.

> Nebenan steht alles im Zeichen des Schafes: Im Lodenwelt-Museum wird der Herstellungsprozess von der Schafwolle bis zum fertigen Kleidungsstück erklärt.

Käse ist natürlich nicht gleich Käse. Hier im Capriz hat vor allem die Ziege, besser gesagt die Ziegenmilch, einen hohen Stellenwert. Lange war sie heimisch in Südtirol, für die Feinkäserei ein Grund mehr, durch die Revitalisierung der Ziegenzucht den Markt mit neuen Geschmackserlebnissen zu bereichern und zu erweitern. Dies gelingt von mild bis kräftig, von würzig bis pikant und durch verschiedenste Texturen und Füllformen, zum Schluss verfeinert mit fantastischen Affinierungen. Hier eine Auswahl zu treffen, ist gar nicht so leicht.

Vor dem Genuss lassen sich im interaktiven Museum spannende Informationen über den Rohstoff Milch und seine Verarbeitung bis hin zum wertvollen Produkt Käse facettenreich erfahren. Viele Schritte, die man live in der Schaukäserei beobachten kann, werden einem dadurch verständlicher und man blickt anschließend aus einer ganz anderen Perspektive auf den eigenen Käsegenuss. Wer bei all dem Hunger bekommen hat, kann im Bistro einkehren und findet auf der reichhaltigen Speisekarte eine Vielzahl an Köstlichkeiten – mit und ohne Käse.

Feinkäserei Caprize · Pustertalerstr. 1b · 39030 Vintl · www.capriz.bz/de/ · Mo–So 9–19 Uhr, Bistro Mo Ruhetag · Haltestelle: Lodenwelt

16 KULTUR UND KULINARIK

»Oanfoch guat!« Dieser Ausspruch trifft hier, im Gasthaus Leiter am Waal, auf die Küche, die Aussicht und die Atmosphäre zu, und zwar kompromisslos. Inmitten von Weinbergen oberhalb von Algund direkt am gemütlichen Waalweg gelegen, zeigt das Haus mit seiner modernen Naturpergola samt verglastem Wintergarten und einer traditionellen historischen Stube eine gelungene, wohltuende Symbiose. Im geschichtsträchtigen Haus wird die alpin-mediterrane Küche frisch interpretiert. Regelmäßig verfeinert eine kulturelle *tavolata* mit Liveauftritten von Künstlern den kulinarischen Genuss. Zwar ist jeder Genuss nur vorübergehend; der Eindruck hingegen, den er hinterlässt, der bleibt. So wie dieser wunderbare Südtiroler Ort.

Leiter am Waal · Mitterplars 26 · 39022 Algung · Mi–So 11.30–14 & 17.30–21 Uhr · www.leiteramwaal.com · Haltestelle: Waalweg Plars, Bus 237

17 GRENZENLOS KULTIG

Man nehme eine historische Seifenfabrik aus den 1920er-Jahren und verbinde sie mit der Leidenschaft für kulinarische Genüsse und einem beeindruckenden Design: voilà – das ist Im Kult! Ein Concept Store, der ein Stück Vergangenheit bewahrt und gleichzeitig Food-, Design- und Culture-Geschichte neu schreibt. Wer auf der Suche nach dem Besonderen ist, findet hier eine bunt gemischte Vielfalt – neue Hingucker, ausgefallene Geschenke, Schönes und Edles. Und einen Ort, der in den Ecken und an den Wänden kunst- und stilvoll mit den Restbeständen der ehemaligen Fabrik spielt. Kulinarisch verwöhnt Im Kult mit nachhaltigen Gaumenfreuden, sowohl innen als auch im Outdoor-Bereich. Und das Atelier bietet Platz und Raum – für Kreative und ihre Werke, für Veranstaltungen und Events. Nicht verschweigen wollen wir, dass auch das stille Örtchen einzigartig kultig gestaltet ist.

Im Kult · Gampenstr. 19 · 39020 Meterarling · Di–Fr, 10–22, Sa 9–22 Uhr · www.imkult.com · Haltestelle: Gewerbezone, Bus 201, 211, 212, 245, 246, N212, N245

glücklich
11
glücklich

DER NAME IST PROGRAMM

18

Glücklich: ein Gefühl von Ausgeglichenheit und Wohlbefinden, von innerer Zufriedenheit; ein Zustand, nach dem wir Menschen gerne streben; eine wunderschöne Reise zu uns selbst … und hier ein Modelabel, in dem jedes Design seine ganz eigne Geschichte zu erzählen vermag.

Vielleicht ist es bequem, in der Routine stecken zu bleiben und Dinge immer auf die gleiche Art und Weise zu tun. Wirklich glücklich machen oftmals aber neue Wege. Und um »glücklich« geht es hier, ein Unternehmen, das neue Wege geht und anspruchsvolle Designs mit erlesenen Materialien kombiniert, gefertigt nach althergebrachter Handwerkskunst. So entsteht unglaubliche Kleidung ebenso wie Rucksäcke oder einzigartige Specials. Das Ziel sind langlebige, fair hergestellte Produkte, für die es Freude macht zu investieren und die auch nach Jahren noch beim Anblick ein Glücksgefühl ins Gesicht zaubern.

> Ein paar Schritte oberhalb des zauberhaften glücklich-Stores wird Pasta in der Osteria Acquarol selbst gemacht. Ein Anblick und Genuss, den man sich nicht entgehen lassen darf.

Hier wird keine Massenware hergestellt, sondern man setzt auf kurze Wege, persönliche Kontakte und heimatverbundene Materialien. Zeitlos zeitgemäß, mit einer pfiffigen Note, designt glücklich seine eigenen Kollektionen und komplementiert sein kleines Sortiment mit haltbaren Lieblingsstücken junger Kreativer aus der Region. Gleichzeitig steckt hinter der Idee auch der Blick auf die Produktionsbedingungen – in Sachen Mode üblicherweise eine sehr schnelllebige Gleichung. Warum nicht weniger, dafür Besseres herstellen? Mit nachhaltigen Materialien, die durch Patina noch schöner werden?

Die praktischen und alltagstauglichen Vorzeigeobjekte lassen sich online, aber auch ganz altmodisch vor Ort im eigenen kleinen Store in Eppan sowie vielen Läden in ganz Europa kaufen. Vielleicht können so die Grenzen zu mehr Bewusstsein und gutem Gefühl in der Modewelt sanft verschoben werden. Denn weniger, dafür richtig Gutes ist sicher mehr für alle.

---

glücklich · Rathausplatz 11 · 39057 Eppan · Mo–Fr 9–18.30, Sa 10–17 Uhr · www.gluecklich.it · Haltestelle: St. Michael, Josefskirche

19 ALTER SCHLACHTHOF

Frische Produkte heimischer Lieferanten, verwandelt in Südtiroler Klassiker mit Ausflügen in die internationale Küche und serviert zwischen Kunst und Kultur im Ambiente eines Wohnzimmers, das mit dem Architekturpreis prämiert wurde … das gibt es nur in Brixen!

Überdimensionale Fenster, Steinboden und stahlverstrebte Gewölbedecken sorgen für einen derartigen Wow-Effekt, dass das Essen – fast – nebensächlich wird. Geschickt und geschmackvoll wurde der ehemalige Schlachthof in ein stylisches Restaurant verwandelt – alte Strukturen, mit neuem Leben weltoffen gefüllt, denn das Gebäude war von 1854 bis 1983 wirklich der Brixener Schlachthof. Heute sitzt man drinnen gemütlich an der Theke und lässt sich die frisch vom Barkeeper gemixten Cocktails oder das handwerklich gebraute eigene Viertel Bier schmecken. Dabei fällt der Blick in die verglaste Küche, in der ausschließlich frische, achtsam ausgewählte und regionale Produkte heimischer Bauern zum Einsatz kommen. Jung und hip ist das Küchenteam. Leidenschaft, Herzblut und der Einklang von kulinarischer Tradition und Trends sind zu schmecken. Ob ganz entspannt bei einem richtig guten Espresso und einer Zeitung an der Bar, beim Brunchen in einem gemütlichen Sessel oder bei einer entspannten Mittagspause im gemütlichen Gastgarten – der Möglichkeiten gibt es hier viele, um sich in netter Gesellschaft etwas Gutes zu gönnen oder den Feierabend mit einem köstlichen Aperitivo zu starten.

Die Sommersaison lässt im Alten Schlachthof Kultur in Brixen erleben. Ob Frühschoppen, Garden Sound oder Summer Emotions, ein Blick auf die Facebook-Seite lohnt sich.

Wer länger bleiben möchte, macht es sich in einem der ausgefallen designten Zimmer oder Apartments gemütlich. In kuscheligen Schlafhöhlen, umgeben von alten Holzbalken und schlichtem Mobiliar, sind erholsame Nächte garantiert. Ob alleine oder mit der Großfamilie, für jedes Bedürfnis findet sich hier ein »Bed with Breakfast« am nächsten Morgen.

Alter Schlachthof · Schlachthausg. 4 · 39042 Brixen · Mo–Mi 7.30–23, Do–Sa 7.30–0 Uhr · www.schlachthof.it · Haltestelle: Maria-Huebner-Platz

VIERTEL
BIER
falstaff

FINNISCHE SAUNA
BIO SAUNA

NATÜRLICHE ESSENZEN FÜR KÖRPER UND SEELE 20

Im malerischen Sarntal verbirgt sich ein wahres Juwel, das die Sinne verzaubert und die Seele berührt: die Latschenöl-Brennerei Eschgfeller. Hier werden ätherische Öle aus Latschenkiefer, Zirbe und fünf weiteren Bäumen hergestellt - mit unvergleichlicher Wirkung.

Ein betörender Duft erfüllt die Luft, beflügelt den Geist und belebt die Sinne. Und er scheint wie Magie zu wirken, indem er das limbische System unseres Körpers stimuliert – unser emotionales Zentrum, das für Stimmungen, Erinnerungen und Wohlbefinden verantwortlich ist …

Bereits seit Jahrhunderten werden die positiven Eigenschaften der kraftvollen Latschenkiefer geschätzt und genutzt. Ihre ätherischen Öle können entzündungshemmend, schmerzlindernd und krampflösend wirken. Zusätzlich sorgt der Duft für entspannte, harmonisierende Momente, beruhigt und wirkt sich positiv auf einen erholsamen Schlaf aus. Im kleinen Natur Spa von Eschgfeller, der einem B&B angeschlossen ist, lassen sich Wohlfühlbehandlungen und Saunabesuche genussvoll erleben.

Ob als Raumduft, Badezusatz oder in geringer Dosierung im Massageöl auf der Haut – je nachdem, welche Wirkung erzielt werden soll, kommen unterschiedliche Öle und Konzentrationen zum Einsatz. Reines Wasser etwa destilliert den einzigartigen Duft, der jede Pflanze und den damit verbundenen Einfluss ausmacht. Über die Nase aufgenommen, entfalten die ätherischen Öle schließlich ihre Wirkung im oben genannten limbischen System und lösen all die Emotionen aus, die uns guttun und für ein harmonisches Gleichgewicht zwischen Körper und Geist sorgen.

Wer möchte, kann an einer Führung durch die Latschenöl-Brennerei teilnehmen, ein paar Stunden im Natur Spa mit duftender Sauna verbringen und gleichzeitig ein paar Auszeittage im Sarntal genießen – einem Ort, an dem man wahrlich die Berge atmen hört. Das Eintauchen in die faszinierende Welt der Düfte macht den Besuch in der Latschenöl-Brennerei Eschgfeller im Sarntal mit Sicherheit zu einem unvergesslichen Erlebnis.

Eschgfeller · Unterreinswald 17 · 39058 Sarntal · Di–So 9–12.30 & 14–18.30 Uhr · www.eschgfeller.eu/de · Haltestelle: Gufl, Bus 152, N150

21 ARMBÄNDER, DIE GLÜCKLICH MACHEN!

Kunterbunt, liebenswert, und keines gleicht dem anderen - so lassen sich die individuell angefertigten Armbänder der kleinen Manufaktur kOmMa5 wohl am besten beschreiben. Wer sie trägt, ist immer einen Touch spezieller ... und einzigartiger.

Personalisierte Handarbeit und die Liebe zur Herstellung besonderer Produkte – das ist es, was die Geschichte des prämierten kleinen Betriebes kOmMa5 von Martina Schweizer ausmacht. Bereits 2018 wurde dem selbst designten Armband von einer 45-köpfigen Jury der »German Design Award« in der Kategorie »Excellent Product Design« verliehen. Konzentrierte die Naturnserin sich anfangs noch auf verschiedene Accessoires im Bereich Modeschmuck, sind es inzwischen vor allem Armbänder, welche das Unternehmen kennzeichnen.

Sie sind einfach oder doppelt gewickelt, einfarbig oder mit bunten Riemen, mit Anhänger und persönlicher Gravur oder ganz schlicht. Der magnetische Verschluss ist bei allen Modellen, die zu 100 Prozent in sorgfältiger Handarbeit hergestellt werden, der gleiche, auch wenn die Farbe, je nach Bedarf, variieren kann.

Ein besonderer Wunsch, eine kleine Botschaft oder ein netter Gedanke lassen sich in dieser Form tragbar machen und jederzeit verschenken. Individuell auf den Träger und den Anlass abgestimmt, kombinieren die Designer mit viel Farb- und Stilgefühl die Riemen zu zauberhaften Schmuckstücken.

Sowohl online als auch im Showroom im Zentrum von Naturns kann sich jeder, der möchte, selbst sein Einzelstück gestalten oder aus dem vorhandenen, vielfältigen Angebot auswählen. Es macht einfach Spaß zu erleben, mit wie viel Liebe zum Produkt und guter Laune in der kleinen Manufaktur glücksbringende Schmuckstücke von höchster Qualität hergestellt werden. Farblich variabel, lässt sich so immer das passende Accessoires zum täglichen Outfit kombinieren.

---

kOmMa5 · Bahnhofstr. 20/A · 39025 Naturns · Mo, Di, Do, Fr 9–12 & 15–18, Sa 9–12 Uhr · www.komma5.com · Haltestelle: Bahnhof Naturns; Haltestelle: Rathaus, Bus 251, 261, 266, B250, N251

Glücksarmband
für dich

Kohl

22

APFELGENUSS AUS DEN DOLOMITEN

Hoch über Bozen, auf dem Sonnenplateau Ritten mit direktem Blick auf das UNESCO-Weltnaturerbe der Dolomiten, verzaubern blühende Apfelplantagen Jahr für Jahr die Gäste – und inspirierten Thomas Kohl zu einer köstlichen Idee.

Es ist noch keine 20 Jahre her, da fragte man sich in Unterinn am Ritten noch, ob auf einer Meereshöhe von über 1000 Metern Äpfel wirklich gedeihen könnten. Thomas Kohl probierte es einfach aus. Heute weiß der erste Apfelsaft-Affineur Italiens, dass Bergäpfel sowohl intensive Sonneneinstrahlung als auch kühle Bergwinde lieben. Die Kombination dieser besonderen Witterung sorgt für ein interessantes »Süße-Säure-Spiel«. Die leichte, etwas herausfordernde Süße wird harmonisch abgerundet durch die weiche Säure zu einer neuen Dimension des Apfelgenusses. Klingt ein bisschen wie bei einer Weinprobe, lässt sich aber genau so nachvollziehen, wenn man sich auf das Erlebnis Bergapfelsaft in all seinen Facetten einlässt. Denn das sonst so unscheinbare Getränk ist facettenreich, und schnell wird klar: Apfelsaft ist nicht gleich Apfelsaft.

Schon probiert? Genussvoll im langstieligen Glas serviert, kühl und bewusst getrunken, ist Bergapfelsaft eine gelungene Speisebegleitung, auch bei einem mehrgängigen Menü.

Unzählige Fragen geistern durch meinen Kopf. Wie finden »Kinder der Berge« und »süße Früchtchen aus dem Süden« in einer exquisiten Cuvée zusammen? Harmonieren Hopfen und Bergapfelsaft wirklich miteinander? Und wieso waren das bisher eigentlich keine Eigenschaften, die man mit Apfelsaft in Verbindung gebracht hat? Fragen, die alle im schlicht, aber modern eingerichteten Showroom auf dem Ritten bei einer Führung oder Degustation ihre Antworten finden. Denn – so lautet eine schöne Formulierung: Genuss ist ein Geschenk und macht glücklich. Frischer Bergapfelsaft brilliert durch ein wahres Feuerwerk an charakterstarken Aromen und entpuppt sich als erfrischend genussvolles Geschmackserlebnis.

Apfelaffineur Kohl · Hauptstr. 35 · 39054 Unterinn am Ritten · Mo–Fr 8–17 Uhr · www.kohl.bz.it · Haltestelle: Unterrinn, Infopoint, Bus 165, B161, N165

23 URIGES INMITTEN SCHROFFER GIPFEL

Eine kleine Blockhütte im alten Stil mit Schindeldach und dicken Steinbrocken darauf. Eine einladende, sonnig-schöne Terrasse, besser gesagt eine Wiese, und dazu eine kuschelige Stube … Alles, was hier oben verkostet wird, wurde entweder per Hubschrauber oder mit menschlicher Kraft aus dem Tal auf den Berg getragen.

Auch wenn er ab Völs am Schlern als »leichter Bergweg« ausgeschrieben ist, 900 Höhenmeter gilt es trotz allem zu überwinden. Ausgeschildert als Weg Nr. 1 Richtung Schlernhaus, zieht er sich entlang des Völser Weihers durch den Wald hinauf, bis auf 1273 Metern die Tuffalm ein erstes Etappenziel sein kann. Weiter geht es stetig bergauf, über den bekannten »Knüppelweg« und durch die pittoreske Teufelsschlucht, bevor man schließlich die zauberhafte Sesselschwaige auf 1940 Metern erreicht.

Munter flattert die rot-weiße Fahne vor wolkenlosem Himmel. »Es gibt keinen Kaffee, die Waschmaschine läuft gerade«, ruft Hüttenwirtin Lydia schnell, bevor sie zum Rindsgulasch in die Küche eilt. Gekocht wird wie schon seit Jahrhunderten auf der Alm: hausgemachte Südtiroler Spezialitäten, mit Zutaten möglichst vom eigenen Hof im Tal und aus regionaler Herstellung.

Im laufenden Brunnen befindet sich zur Kühlung eine große Milchkanne inklusive Schöpfkelle. Frischer kann man kaum genießen. Die weiß emaillierte Badewanne steht mitten auf der Wiese unter dem Duschkopf und dient der Erfrischung vor einer gemütlichen Nacht in dem winzigen Übernachtungsverschlag. Urig schön! Weit und breit ohne Zufahrtsstraßen, lässt sich in der fast unwirklich friedlichen Atmosphäre des Naturparks Schlern-Rosengarten die Ruhe der Natur ohne Kitsch und modernen Zauber genießen.

Noch eine knappe Stunde weiter oben erreicht man die weitläufige Hochebene des Schlern mit dem Schlernhaus. Ins Tal hinab führen indes Wege und Steige zu unterschiedlichen Zielen. Es spielt keine Rolle, ob man über die Bärenfalle zum Weißlahnbad nach Tiers oder zum Berggasthaus Schönblick oberhalb der Hammerwand möchte – mit durchschnittlich 800 Höhenmetern sollte man immer rechnen.

Sesselschwaige · Völs am Schlern · www.sesselschwaige.it

Schwaig
Unser Gästebuch
Il nostro libro degli ospiti

KNÖDELGLÜCK NEU INTERPRETIERT

24

Die Sonne scheint, Vögel zwitschern, leise Gespräche erfüllen die Luft. Der Duft von frisch geformten Knödeln zieht hinaus auf die Terrasse, auf der die Gäste des Knödelglücks den Ausblick genießen. Über der friedlichen Szenerie von grünen Weinbergen erhebt sich der beeindruckende Pulverturm am Ende des Tappeinerwegs, der über Meran wacht. Doppeltes Knödelglück lässt sich hier erleben. Ein Muss, denn Knödel gehören zu Südtirol einfach dazu – und bleiben doch immer etwas Besonderes, da sie kreativ und von Hand aus regionalen Zutaten gefertigt werden. Und das in allen Formen, Farben und Geschmacksrichtungen. Welch ein Glück!

Knödelglück · Zenobergweg 15A · 39019 Meran · So–Fr 11.30–21 Uhr · www.knoedelglueck.com · Haltestelle: Via S.Giorgio, Bus 221, 240, N240

VERSTECKTE STADTRESIDENZ

25

Eintritt zu einer Zeitkapsel ins mittelalterliche Meran erhält man durch eine sehr kleine Türe im Herzen der Altstadt. Die Landesfürstliche Burg liegt, etwas versteckt hinter den Lauben am Fuße des Küchelbergs, in unmittelbarer Nähe des Einer-Sessellifts nach Dorf Tirol. Ein Kleinod, dessen mächtiger Name trügt. Geherrscht wurde auf Schloss Tirol hoch über der Stadt, also wurden die in der zweiten Hälfte des 15. Jahrhunderts errichteten zentralen Gemäuer zur Stadtresidenz für Erzherzog Sigmund. Fachgerecht saniert, sind die ehemaligen Wohnräume, Küche, Bad und die Waffenkammer perfekt erhalten und geben einen musealen Einblick in alles, was früher höchster Komfort war. Wunderschön: Wer in Meran standesamtlich heiratet, kann zwischen einem Gemeindesaal und dieser romantischen Landesfürstlichen Burg wählen.

Landesfürstliche Burg Meran · Galileo-Galilei-Str. · 39012 Meran · Juni bis Mitte Sept., Di–So 10.30–17, Mitte Sept.–Nov. Di–So 10.30–13 Uhr · www.visitmeran.it/landesfuerstliche-burg · Haltestelle: Rennweg; fast alle Buslinien

SO RICHTIG DIE SEELE BAUMELN LASSEN!

WELLNESS, ENTSPANNUNG UND UNTERKUNFT

26 NACHHALTIGKEIT – MEHR ALS EIN WORT

Ausatmen und den Blick über die mächtig thronenden Felsen des Haunold schweifen lassen. Zur Ruhe kommen. Unverfälschte Eleganz, unaufgeregter Luxus, ausgesuchte Details – hier gibt die Natur in allen Belangen den Ton an.

Inmitten des Hochpustertals gelegen, verzaubert bereits der genussvolle Blick direkt aus dem Bett des Naturhotels Leitlhof auf das UNESCO-Weltnaturerbe Dolomiten mit Urlaubsfeeling pur. Sanft taucht die aufgehende Sonne die Bergspitzen in warmes Orange, während mystisch aufsteigende Nebelschwaden das Schwimmen frühmorgens im Outdoor-Pool zu etwas ganz Besonderem machen. Neben hautschmeichelnden Wellness-Treatments prägt die klimapositive Philosophie den Aufenthalt in diesem energieautarken Hotel. Wie ein roter Faden zieht sich Wertschätzung für Mensch, Tier und Natur durch das mehrfach mit dem World Travel Award in der Kategorie »Europe's Leading Green Hotels« ausgezeichnete Haus. Ein prämiertes Nachhaltigkeitskonzept, das für ein ruhiges Gewissen im Urlaub sorgt.

Die großzügige, luftige Gestaltung in den warm abgestuften Farbnuancen genutzter Naturmaterialien vermitteln überall ein wohliges Gefühl. Kulinarisch vereint Küchenchef Markus Auer mediterrane Küche und Südtiroler Spezialitäten. Um ihrem regionalen, saisonalen und nachhaltigen Anspruch gerecht zu werden, kommen vorwiegend Produkte aus eigener Landwirtschaft auf den Tisch. So gedeihen auf dem nahe gelegenen Mühlhof in Innichen frisches Gemüse, knackige Salate und unterschiedlichste Kräuter. Die Angus-Rinderzucht, Herzensprojekt von Chef Stephan Mühlmann, hat auf dem hoteleigenen Hof ihr Zuhause. Gerne nimmt sich der Chef Zeit, um bei einer Führung auf dem Mühlenhof sein tiernahes »Farm-to-table-Konzept« eindrucksvoll zu vermitteln.

So genussvoll sich die Tage im Naturhotel Leitlhof darstellen, so verlockend sind auch die unzähligen Outdoor-Aktivitäten in die faszinierende Bergwelt der Dolomiten zwischen Pustertal und Sexten – zu jeder Jahreszeit.

Leitlhof · Pustertalerstr. 29 · 39038 Innichen · www.leitlhof.com · Haltestelle: Innichen, Krankenhaus, Bus 447

AUSZEIT IN DER PRIVATE POOL SUITE

27

Nur wenige Schritte über die Passer von der Altstadt entfernt liegt am rot-golden schimmernden Thermenplatz die Therme Meran auf einem Areal mit 25 Pools, vielen Ruhemöglichkeiten und großzügigen Saunalandschaften.

Wohltuende Heilquellen machen sommers wie winters Lust auf Wellness! Und so geht es nach einem köstlichen Brunch im stylischen Thermen-Bistro hinein in eine wunderbar entspannende Auszeit. Die parkähnliche gigantische Außenanlage der Therme Meran ist nur in den warmen Monaten für Wasserliebhaber geöffnet. Ganzjährig nutzbar – und ein ganz persönliches Wellness-Highlight – sind hingegen die Private Pool Suiten. Wie überdimensionale rechteckige Vogelnester schweben sie förmlich über der von Stararchitekt Matteo Thun zeitlos markant gestalteten Badehalle. Auf Augenhöhe mit den gigantischen, lichtdurchlässigen Dekorationselementen, die von der Decke hängen, hat man die Qual der Wahl. Neben einem gemütlichen Wasserbett befindet sich ein Dampfbad inklusive eigenem Whirlpool mit Aus-, aber definitiv ohne Einblick in die Pool Suite. Eine riesige Schale, gefüllt mit Obst und Pralinen, sowie ein gekühlter Südtiroler Sekt runden die luxuriöse Auszeit ab. Peeling fürs private Dampfbad und Badesalz für den blubbernden Whirlpool stehen ebenso bereit wie eine pflegende Lotion.

> Das öffentlich zugängliche Bistro an der Therme lohnt für einen Brunch auch ohne Thermen-Besuch.

Gerade in der kühleren Jahreszeit hat das Angebot in der Therme einen ganz besonderen Reiz. Ein Besuch verspricht nicht nur Entspannung, sondern unterstützt auch aktiv das Immunsystem – genießen und dem Körper etwas Gutes tun ist ein doppelter Pluspunkt in der erkältungsanfälligen Herbst- und Winterzeit. Und auch wenn es schwerfällt, den exklusiven Rückzugsort in der Private Pool Suite kurzzeitig aufzugeben: Eine Massage oder ein Facial sollte man sich im modernen MySpa der Therme dennoch nicht entgehen lassen.

Therme Meran · Thermenplatz 9 · 39012 Meran · Mo–So 9–21 Uhr · www.thermemeran.it · Haltestelle: Terme, Bus 3, 5, 6, 210, 211, 217, 225, 236, 251

28 DESIGNUNTERKUNFT IN DER ALTSTADT

Der Blick von der gemütlichen Dachterrasse direkt auf die Kuppel des historischen Kurhauses mitten in Meran macht die Suite im Design Hotel imperialart einzigartig, vor allem, wenn man das - nicht einsehbar für andere - vom privaten Whirlpool aus genießen kann.

Doch damit nicht genug, punktet dieser Ort zudem mit großzügiger Offenheit, einer frei stehenden Badewanne und upgecycelten Sitzmöbeln, die den Genuss perfekt machen. Und: Inmitten der pulsierenden Altstadt Merans lässt sich hier ein Stück Geschichte kunstvoll neu gestaltet erleben.

Was ursprünglich als »Cafe Imperial« eröffnet worden war, avancierte schnell zu einem zauberhaften Boutiquehotel. Gemeinsam mit Südtiroler Künstlern wie Elisabeth Hölzl, Marcello Jori und Ulrich Egger erschuf das Architekturbüro Harald Stuppner im geschichtsträchtigen Jugendstilbau hinter dem Kurhaus zwölf vom Konzept komplett unterschiedliche Farb- und Stilwelten – von faszinierenden Kristallen, die sich in Wände gravieren ließen, über Sternenbilder an der Decke bis hin zu Stillleben mit gemütlichen Samtsesseln, Biedermeiernachttischen, Samtvorhang und gerahmten Fotos vor einer Wand aus Sichtbeton. Die künstlerische Verjüngungskur zieht sich liebevoll durch das gesamte Haus, immer darauf bedacht, den Charme des schon in den 1920er-Jahren beliebten Meraner Kaffeehauses in zentraler und trotzdem wunderbar ruhiger Lage zu erhalten.

Wenn die Stadt langsam erwacht, kann man das Frühstück draußen mit Blick auf das illustre Treiben in den Straßen genießen oder im »Café Imperial« im Erdgeschoss. Und auch wenn der erste Kaffee des Tages auf der Dachterrasse bereits köstlich war, unten schmeckt der Cappuccino wunderbar – typisch italienisch eben.

Apropos Terrasse: Wem der private Rooftop-Whirpool nicht ausreicht, der kann sich in der nur wenige Gehminuten entfernten Therme Meran (s. S. 55) verwöhnen lassen. Für Imperial-Gäste ist der Zugang zum gesundheitsfördernden Thermalwasser selbstverständlich frei.

Hotel imperialart · Freiheitsstr. 11 · 39012 Meran · www.imperialart.it · Haltestelle: Rennweg, u. a. Bus 3, 5, 6, 210, 211, 217, 225, 236, 251

act
nterplay
Interfere
st Meran
Merano Arte
RY
OF
TR
AN
SLA
TION
aces
sign
laboration
KUNST MERAN
MERANO ARTE
ALTO ADIGE

HIMMLISCHER SUNDOWNER

29

Zwischen Himmel und Erde gibt es einen ganz besonderen Ort fürs »Ich«: Imposant die vorausliegenden Gipfel der malerisch aufragenden Langkoflergruppe, atemberaubend die Weite über dem Bozner Becken, dem Ritten und bis hinauf Richtung Brixen – das macht den Liebreiz auf der Raschötz aus.

Die Natur ist der größte Kraftspender. Nirgendwo erholen sich Körper, Geist und Seele besser als beim Blick auf eine beeindruckende Bergwelt. Nirgendwo sonst wird sich der Mensch der Schönheit unseres Planeten wohl mehr bewusst. Und an kaum einem anderen Ort ist dieses Bewusstsein so frei. Auf der Raschötz heißt es deshalb: abschalten und den Sundowner auf Augenhöhe mit dem grandiosen UNESCO-Weltnaturerbe der Dolomiten genießen.

Unweit der Hütte, etwas unterhalb des holzgeschnitzten Gipfelkreuzes, befindet sich die Wallfahrtsstätte Hl. Kreuzkapelle!

Geübte Wanderer besteigen den Aussichtsberg zu Fuß über den Weg Nr. 10. Wer es gemütlicher angehen möchte, nimmt die Standseilbahn, die Biker und Wanderer in einer achtminütigen Fahrt zur Gipfelstation bringt. Auf der Raschötz angekommen, ersetzt einmaliges Bergkino umgehend den Alltagsstress. Die gut 30 Minuten Gehzeit von der Bahnstation bis zur Hütte sind familienfreundlich und auch ohne Bergerfahrung gut machbar.

Hoch oben unter dem Gipfelkreuz auf 2281 Metern sitzend, schweift der Blick von Sellastock und Marmolata über die Seiser Alm bis zur Ortlergruppe. Langsam wandelt sich der Himmel in mystisches Dämmerungsblau, die Sonne versinkt und verabschiedet den Tag. Wie gut, dass uns nur wenige Höhenmeter von der Schutzhütte unter dem Gipfelkreuz trennen, wo wir, je nach Jahreszeit, zur Abkühlung oder zum Aufwärmen einkehren. Nach dem Genuss der hausgemachten Südtiroler Küche lässt es sich in der Hütte auch gemütlich übernachten – um am nächsten Morgen selbst entscheiden zu können, ob nun der Sonnenuntergang oder doch die ersten Strahlen der Sonne, die vorwitzig über die Bergspitzen schimmern, schöner sind.

Schutzhütte Raschötz · www.rifugioresciesa.com/de/

30 BISCHOFSSTADT IM LICHTERGLANZ

Milde Luft, belebte Gassen und auf der Piazza ein Cappuccino in der Sonne … In Brixen lässt sich Zeit allemal genussvoll verbummeln. Insbesondere aber dann, wenn die Altstadt Ende Mai beim »Brixen Water Light Festival« in einem zauberhaften Lichterglanz erstrahlt.

Die einstige Bischofsstadt Brixen am Zusammenfluss von Eisack und Rienz betiteln viele mit Recht als schönste Stadt Südtirols. Die gemütliche historische Altstadt mit Dom, Museen und weiteren Sakralbauten strahlt pure Lebensfreude und jugendliche Frische aus. Das liegt einerseits sicherlich an der Zweigstelle der Uni Bozen für Bildungswissenschaften, andererseits aber auch an so interessanten Veranstaltungen wie dem jährlich im Mai stattfindenden »Brixen Water Light Festival«. Dann verwandeln sich die Stadt Brixen, das Kloster Neustift und die Franzensfeste in einen unvergesslichen Kunstparcours. Jedes Jahr wechselt das Motto des Festivals, bei dem Kunst, Licht und das Lebenselixier Wasser eine beeindruckende Verbindung eingehen.

Während die Altstadt von Brixen nur nachts erstrahlt, können die Kunstwerke im Kloster Neustift und der Franzensfeste auch tagsüber erlebt werden.

Reflexionen über ökologische, wirtschaftliche und soziale Aspekte rund um das Thema Wasser und Licht stellen die Grundlage für die Kunstwerke der lokalen und internationalen Künstler dar. Denn das Festival soll nicht nur optisch schöne Anreize liefern, sondern passend zum Jahresmotto wichtige Denkanstöße zu unserem Umgang mit den begrenzten Ressourcen geben.

Sobald die Dunkelheit über Südtirol hereinbricht, werden mehr als 20 Brunnen, natürliche Gewässer und weitere kulturhistorische Schätze mit tollen kreativen Ideen und Lichtinstallationen hervorgehoben und so neu interpretiert. Die drei Orte werden dann gleichsam zu einer einzigen großen Bühne, einem einzigartigen Gesamtkunstwerk, mit Platz für die unterschiedlichsten Darsteller und jede Menge Gäste, die eintauchen in ein Lichtermeer der Zauberei.

Brixen Water Light Festival · Altstadt Brixen, Kloster Neustift, Franzensfeste · www.brixen.org/waterlight/de/ · Haltestelle: Bahnhof Brixen

Lederhosen

FEIERN ZWISCHEN TRACHT UND TRADITION 31

Bei Amalia Pernter kehrt jeder gerne ein. Denn die Mischung aus zünftigem Wirtshaus, modernem Restaurant und einer einzigartig-kreativen Werkstatt rund um das »Lebensgefühl Tracht« ist wahrlich gelungen. Die Manufaktur für kurze Hosen mit langer Geschichte und Dirndl ist Südtirols letzte Lederhosenschneiderei. Maßgeschneidert und ganz den Wünschen der Kunden entsprechend, trifft hier Tradition auf Innovation. Und damit wird auch die Kombination mit der Gastronomie so sinnvoll wie logisch: Denn was haben eine Lederhosenschneiderei und ein Restaurant gemeinsam? Urig-Traditionelles mit innovativen Einflüssen aus der großen weiten Welt – das findet man auf dem Teller ebenso wie bei einer Lederhose.

Amalia Pernter 1896 · Ansitz Liebenstein · St.-Andreas-Platz 3 · 39040 Salurn · Do–Mo 10–23 Uhr · www.amaliapernter1896.at · Haltestelle: Rathaus, Bus 121, 127

DOLOMYTHIC HOME 32

Gemütlichkeit ist ein menschliches Grundbedürfnis, zumindest finden das die drei Brüder, die in ihren luftigen Suiten eine moderne Ausstattung mit hochwertigen Materialien in dezenten Naturtönen kombinieren. Samtigschön erstrahlt der gläserne Barbereich mit Kamin und großzügiger Fensterfront. Die Küche vereint mediterrane Kreationen mit alpinem Touch. Ausgewählte Bioprodukte und ein Schuss Innovation, verfeinert mit einer Prise Tradition, sorgen für »the taste of the Alps«. Nach einem erlebnisreichen Outdoortag lässt sich sommers wie winters in der Sauna, dem Sky Whirlpool und genussvollen Ruhebereich des Dolomythic Spa frische Energie tanken. Ein Glücksort am Fuße der Plose für Auszeitgenießer, Genussabenteurer und Feinschmecker, die den Bozen-Ausblick lieben, das Persönliche schätzen und gerne Höhenluft schnuppern.

Santre · Dorfstr. · 39042 St. Andrä · www.santre.it · Haltestelle: St. Andrä, Post, Bus 321

33 DEM MOND EIN STÜCKCHEN NÄHER

»Ein kleiner Schritt für einen Menschen, aber ein riesiger Sprung für die Menschheit.« Neil Armstrong, der US-Astronaut, schrieb Geschichte, als er am 21. Juli 1969 als erster Mensch einen fremden Himmelskörper betreten durfte.

Die Spuren sind noch heute sichtbar – zumindest fühlt man das, wenn man den schwarzen Weltraum, auf dem die Mondlandefähre Eagle, in Originalgröße nachgebaut, im kleinen Ort Steinegg im Eggental steht, heute betritt. Leuchtend strahlt der Blaue Planet, schaut man über die Steuerungsgeräte hinweg durch das kleine Fenster ins All. Sanft vibriert das Bett, und aufgeregt blinken die Systeme, drückt man die richtigen Knöpfe. Außergewöhnlich und tatsächlich einmalig lässt es sich dank Apollo 11 hier im Hotel Oberwirt übernachten.

Die Sterne zum Greifen nah, kommt man aus dem Staunen nicht heraus. Ort und Zeit verschwimmen, lässt man sich auf eine kreative Erfahrung im Weltall ein. Dabei bietet die eindrucksvolle Familiensuite Platz für vier Personen, die in den beiden Stockwerken auf eine gelungene Apollo-11-Mission gehen wollen. Die Leiter hinunter gelangt man entweder direkt auf den Mond oder in die NASA-Schaltzentrale, in der sich ein Bad befindet. Fast logisch, dass auch hier alles einem eindrucksvollen Konzept folgt und nichts an klassische Normalität erinnert. Schließlich betrat die NASA mit dem Apollo-Programm ebenso Neuland wie Gastgeberfamilie Schroffenegger, die im ersten europäischen Sternendorf den virtuellen Flug zum Mond – zumindest für eine Nacht – wahr werden lässt.

Ein bisschen erdnäher, doch keineswegs unspektakulär zeigt sich der Himmel in den anderen Sternenzimmern des Hauses. Unvergessliche Augenblicke sind garantiert, wenn man die fantastische Sicht auf den tiefschwarzen nächtlichen Sternenhimmel direkt aus dem Bett genießen kann. Mit Blick auf die Südtiroler Bergwelt und einer Tasse Kaffee in der Hand ist nämlich auch der Sonnenaufgang nicht zu verachten.

Hotel Oberwirt*S** · Peter-Anich-Weg 5 · 39053 Steinegg · www.gasthofoberwirt.com · Haltestelle: Steinegg, Dorf, Bus 182, 187

INTENSIVE SEEMOMENTE

34

Ein klein wenig idyllischer, ein klein wenig magischer: Gelegen direkt an einem zauberhaften kleinen See, umgeben von kühlenden Wäldern auch in der warmen Jahreszeit, beeindrucken nicht nur die Ausblicke vom Weihrerhof.

Das Bootshaus ist der ideale Ort, um den See zu erleben. Je nach Wetter zeigt die Gegend um Wolfsgruben und seinen idyllischen See magische Facetten. Mit einem guten Buch in der Hand oder nach dem erhitzenden Gang in die Panorama-Bootshaus-Sauna lässt sich, gemütlich überdacht und doch draußen in der Natur, die Ruhe genießen.

Die Südtiroler Küche des Weihrerhofs versorgt Nase und Gaumen bei einem entspannten Seeblick mit weiteren Streicheleinheiten.

Der Weihrerhof, umgeben von keltischen Kraftplätzen, ist geprägt vom Element Wasser. Wen die »Seen«sucht packt, der findet an diesem liebevoll angelegten Ort wahre »See«lenruhe im wahrsten Sinne des Wortes. Gemütlich schwimmt Familie Ente neben dem roten Ruderboot, das langsam über den See schaukelt. Zwischen waberndem Morgennebel und vorbei an der kleinen Insel lassen sich intensive Momente erleben – nur einer der »Orte zum Sein«, die sich in maximal 30 Minuten Fußweg vom Hotel Weihrerhof aus erreichen lassen. Diese Orte sind Herzstücke, die anregen, sich auf die Natur einzulassen und (wer mag) die passende Meditationsanregung zu spüren. Den Weg zu diesen magischen Orten findet man problemlos dank eines wunderschön gestalteten Booklets, das QR-Code, Anleitungen und Hintergründe enthält.

Zurück im Hotel, führt das Kraftplätze-Projekt mit den passenden Anwendungen direkt ins »SeaSpa«. Nein, es wird nicht englisch – auch auf südtirolerisch wird der See liebevoll »Sea« genannt. Besonders im Herbst, wenn sich die Natur in die leuchtenden Farben des Indian Summers hüllt, legt sich eine einzigartige Stille über den See. Wohlbefinden in seiner reinsten Form – »laxn«, wie man in Südtirol zu sagen pflegt.

Weihrerhof · Wolfsgruben 22 · 39054 Oberbozen/Ritten · www.weihrerhof.com · Haltestelle: Wolfsgruben, Bus 163, B161

35 ZIMMER MIT SEEBLICK

Grünlich schimmert der wärmste Alpensee, an dem ein wahrlich gemütlicher Geheimtipp zu finden ist: historisch die Gemäuer, modern interpretiert, witzig, charmant und liebevoll geführt. Genussvolle Seemomente sind das i-Tüpfelchen dieses zauberhaften Happy Place.

Nur zwölf Zimmer gibt es hier, und jedes ist anders, dazu ein Weinwohnzimmer, eine Seesauna, charmante Gastgeber und das beste regionale Essen: Die Pension Leuchtenburg bietet Glücksmomente, in denen man am liebsten die Zeit anhalten möchte. Mit viel Gespür und Fingerspitzengefühl wurde das Haus, das bereits seit Jahrhunderten existiert, aufwendig renoviert, ohne die wertvollen Spuren der Vergangenheit zu verwischen. Einst Versorgungshaus der Leuchtenburg, die bis heute über der Pension thront, ist die Bestimmung des Hauses unverändert: beste Fürsorge. Und die beginnt mit einem Frühstück, serviert auf der Terrazza im Antlitz des Sees. Zum frisch zubereiteten Abendessen wird ohne großes Aufheben der passende Wein serviert. Wem auch im Spa nach Vino ist, kann sich jederzeit aus dem Weinkühlschrank bedienen.

Die Zeit scheint stillzustehen auf dem zur Pension gehörenden Seegrundstück mit Boot, Seesauna, hölzernem Steg und Sonnenliegen. Sanft wiegt der Wind den schilfigen Uferbewuchs und schiebt bunte Surfer munter über den See. Auch im kleinen Bootshaus ist der Kühlschrank gut gefüllt. Ein Ort der Ruhe und Entspannung, der gleichzeitig ein Feuerwerk der Farben bietet: Türkisblau schimmert der Kalterer See, überall auf der weichen Wiese hinterlassen rot gestreifte Sonnenschirme witzige Punkte, würdevoll glitzern die blättrigen Schattenspiele alter Bäume im warmen Sonnenlicht.

Um ganz sicher keine Langeweile aufkommen zu lassen, werden inspirierende Yoga-, Breathwork- oder Kunst-Workshops angeboten, entsprechend dem Motto »Nichts muss, alles kann«. Dazu finden sich überall kleine Ecken zwischen historischen Steinmauern zum Zurückziehen. Sicher ist: Es gibt in der Leuchtenburg viel zu erleben, und manch dezent, aber liebevoll angebrachte Dekoration sorgt auch für ein leises Schmunzeln.

Pension Leuchtenburg · Klughammer 14 · 39052 Kaltern · www.leuchtenburg.it

SEHNSUCHTSPLATZ UNTER DEM SCHLERN

36

Es ist fast schon kitschig: Auf der Terrasse der Hofer Alpl reicht der Blick bei Sonnenschein bis zu den beeindruckenden Felsen der Hammerwand, dem kleinen Schlern-Bruder, dessen Spitze 2128 Meter über dem Meer ins Blau des wolkenlosen Himmels sticht.

Kaum dreht man den Kopf ein kleines Stück nach rechts, schweift der Blick über die weite Bozener Ebene und den flachen Rittenrücken. Wer diesen Ausblick, geschützt vom mächtigen Schlern im Rücken, ebenfalls genießen möchte, muss wandern – außer Familie Hofer holt ihre Hausgäste in Ums ab und bringt sie samt Gepäck zur Hütte. Auf 1364 Metern, mitten im Naturpark Rosengarten, sorgen kulinarische Genüsse und zauberhafte Gastgeber für traumhafte Erholung. Eine idyllische Insel der Ruhe, fernab von Alltagslärm und Autoabgasen, dafür mit einer riesigen Portion urigen Almhüttenflairs.

Im Sommer stehen geführte Bergwochen, Wildkräuterwanderungen und unvergessliche Feierlichkeiten in der Berghütte auf dem Programm.

Schier unbegrenzt ist die Vielzahl unterschiedlich schwerer Wege, Steige und Klettermöglichkeiten, die man ab Völs oder dem Völser Weiher unternehmen kann – ein Eldorado für jeden Liebhaber der Berge. Und unvergesslich der Moment, wenn man nach einem wunderbar intensiven Wandertag wieder auf der Alm einkehrt, empfangen von sonnigen Ausblicken, herzlichen Gesprächen und typischen Südtiroler Köstlichkeiten, naturnah und authentisch. Dabei sollte man unbedingt einkalkulieren, dass man auch noch etwas Platz für die himmlischen Süßspeisen benötigt. Müde und glücklich fällt der Kopf schließlich auf die mit typisch rot-weißer Karobettwäsche bezogenen Kissen, ob im romantischen Naturholzzimmer oder im abenteuerlichen Matratzenlager. Wenn die ersten wärmenden Sonnenstrahlen frech über die Gipfel blicken, warten dampfender Kaffee, duftendes Brot und viele frische Leckereien, um den Morgen in den Bergen zu begrüßen.

Hofer Alpl · Schlernstr. 47 · 39050 Völs am Schlern · Sommer April–Okt., Winter Ende Dez. bis Anfang Jan. täglich · www.hoferalpl.it · Haltestelle:Völser Weiher

PANORAMA-PROGRAMM

37

Die Winzerhöhe hoch über Schenna bei Meran bietet wunderbares Panorama in gleich doppelter Hinsicht: einen grandiosen Fernblick über das Meraner Land und Panoramic Suites, von denen aus man den Anblick der Natur in vollen Zügen genießen kann. Jedes Detail des Hauses soll diesem Besonderen dienen. Man kann sich am Panorama von der gemütlichen Terrassenliege aus erfreuen, vom Pool inmitten der Weinberge oder aus der hölzernen Panorama-Sauna.Die Natur unterhalb des Schenna Waalweges präsentiert sich wie aus einem Bilderbuch, und es gibt fast nichts Schöneres, als sie bei einem leckeren Cocktail oder dem köstlichen Frühstück, das auf der Terrasse oder liebevoll direkt im Apartment serviert wird, zu bestaunen. Ein Ort für Genussmenschen, die gerne mit dem Blick in die Ferne schweifen.

Winzerhöhe · Pichler Str. 26 B · 39017 Schenna · www.winzerhoehe.com · Haltestelle: Farmer, Bus 233

POSTKARTENIDYLLE MIT TRADITION

38

Steht man hier am Hotel Lago di Braies vor der immer wieder aufs Neue faszinierenden Kulisse des Pragser Wildsees, ist es schwierig zu behaupten, der Himmel sei schöner als die Erde. Farbenfroh und schillernd spiegeln sich die schroff-grauen Gipfel des Seekofels im türkisblauen Bergseewasser inmitten des Naturparks Fanes-Sennes-Prags. Und ja, auch wenn der Pragser Wildsee zu den bekanntesten Attraktionen Südtirols gehört: Es gibt sie noch, die ruhigen Momente, an denen man dieses Paradies fast für sich alleine hat und die unter Schutz gestellte Kostbarkeit dieser Landschaft atmen darf. Früh morgens, wenn die ersten Sonnenstrahlen in das unter Denkmalschutz stehende Grandhotel schimmern, erwacht nicht nur die inspirierende Geschichte dieser historischen Mauern, sondern auch – ganz langsam – die noch menschenleere Natur.

Hotel Pragser Wildsee · St. Veit 27 · 39030 Prags · www.lagodibraies.com · Haltestelle: Pragser Wildsee, Bus 442

39 ZWISCHEN KUNST UND KULINARIK

Eine geschmackvolle Symbiose aus besonderen Naturerfahrungen, dem Genuss von erlesenem Wein, leidenschaftlichen Geschmackserlebnissen und außergewöhnlichen Kunstmomenten ist dem Kränzelhof in Tscherms gelungen.

Inspiriert durch die wundervolle Erfahrung, wie sich Kunst und Natur gegenseitig befruchten, begann das Weingut Kränzelhof im Jahr 2006, einen Kunst-Garten anzulegen, der beides auf vielfältige Art und Weise vereinen sollte. Entstanden sind »7 Gärten«, ein Labyrinth und die Garden Art Gallery.

Man betritt diese Bereiche durch einen urig-hölzernen Bau, der als Verkaufsfläche der Kränzelhof-Weine dient und zugleich ein Ort ist, an dem man gerne länger verweilen möchte. Wie übrigens an vielen versteckten Ecken und Plätzen, die auf dem gesamten Areal zu entdecken sind. Im Außenbereich direkt davor werden in der EssBar Inspirationen aus aller Welt serviert, ganz nach dem Motto »Über den Rand blicken und Kompositionen mit Temperament und Passion auf den Teller zaubern«. Die Zutaten stammen wie im angrenzenden Restaurant Miil auch von heimischen Lieferanten sowie aus dem eigenen Garten. Und was würde hierzu besser passen als eine vinosophische Führung, die die Weinberge des historischen Ansitzes mit tieferen Einblicken in die spezielle Art des Verwandelns von Naturgegebenem in ein Genusserlebnis kombiniert?

Philosophisch geht es auch beim Durchstreifen der »7 Gärten« zu. Zauberhafte Botschaften erwachen wie von selbst, wenn man alleine oder bei einer Führung die Ideen hinter den Kunstobjekten und Pflanzen zu ergründen versucht. Das Spektrum der unterschiedlichen Kunstwerke ist breit gefächert – von figurativ bis abstrakt, aus innovativen, zeitgenössischen Materialien ebenso wie aus traditionellen. Teils in entlegenen Ecken platziert, verführen sie die Besucher zu einer Entdeckungsreise durch die »7 Gärten« des Vertrauens, der Emotionen, des Mutes, des Herzens und der Liebe, des Ausdrucks, der Intuition und des Bewusstseins.

Kränzelhof – Weingut, Kunst-Garten & Kulinarik · Gampenstr. 1c · 39010 Tscherms · Mo–So 9.30–19 Uhr · www.kraenzelhof.it · Haltestelle: Sportzone, Bus 211

RÜCKZUGSORT FÜR FEINSCHMECKER

40

Einfach schön! Diese schlichte Kurzbeschreibung passt perfekt zum Vinschgau. Im Dreiländereck zwischen Italien, Österreich und der Schweiz existiert eine atemberaubende Landschaft, in der auch Südtirols kleinste Stadt zu finden ist, romantisch geschützt durch eine vollkommen intakte Stadtmauer.

Wie ein Juwel liegt Glurns mit seinen 900 Einwohnern auf einer Höhe von 907 Metern. Sandsteinfarben umgibt noch heute die einzige vollständig erhaltene Wehranlage der Alpen das zauberhafte Städtchen, mittelalterlich geprägt von Laubengängen und historischen Häusern. Dicke Steinmauern umgeben eines der ältesten Glurnser Gebäude, den Flurinsturm, und ein für seine feine Küche bekanntes Restaurant: das Flurin. Der ehemalige Gerichts- und Verwaltungssitz an einer florierenden Handelsroute hat mit seinen über 800 Jahre alten romanischen Grundmauern unruhige Zeiten erlebt – Jahreszahlen, die sich heute in den Zimmernummern wiederfinden und die Stadtgeschichte erzählen.

Ein süßer, vanilleartig-fruchtiger Duft strömt durch die Gassen, wenn die *Palabir*, auch »Sommerapothekerbirne« genannt, reif ist. Eine Birne, die das Siegel »Presidio Slow Food« trägt.

Seit 2018 dreht sich hier alles um Gastfreundschaft, Leidenschaft und Genuss. Die monatlich wechselnden Gerichte entstehen immer im Dialog mit regionalen Landwirten, auf Basis saisonaler Produkte und im Spirit kulinarischer Lebensfreude. Durch Turmmauern von der Außenwelt geschützt, bietet die Bar einen Raum für Ausgelassenheit.

Ein besonderes Highlight sind die historischen Zimmer im Flurinsturm. Schöne Orte verzaubern oft durch idyllische Rustikalität oder ein stilvolles Ambiente. Selten aber findet man beides gelungener kombiniert als innerhalb dieser historischen Turmmauern: verwinkelte Steintreppen, Räume von moderner Schlichtheit, kombiniert mit einem Mix aus liebevoll ausgesuchten Dekoelementen, die gelungene Farbakzente bilden. Es ist ein Erlebnis, hier sein müdes Haupt zu betten und diese Liebe zum Detail zu spüren.

Flurin · Laubeng. 2 · 39020 Glurns · www.flurin.it · Haltestelle: Tauferer Tor, Bus 811

41

GEISTERSTUNDE IM SCHLOSS

Eingebettet in malerische Weinberge liegt ein erhabenes »Herzstück«, bei dem der Geist der Jahrhunderte die Seele beflügelt. Wahrscheinlich das schönste Burghotel Südtirols, machen Ruhe, Eleganz und Raffinesse den ehemaligen Adelssitz zu einem Ort, der Geschichten aus längst vergangenen Zeiten erzählt.

Stilvoll und zeitlos luxuriös – Schloss Freudenstein ist nicht nur eine märchenhafte Eventlocation, um sich etwa romantisch das Jawort zu geben, sondern auch eine ganz besondere Übernachtungsmöglichkeit. Jeder Stein, jede Treppe und jedes architektonische Detail dieses historischen Gemäuers birgt jahrhundertealte Geheimnisse. Die herrschaftlichen Gemächer zeigen sich in ihrer schier unvergänglichen Schönheit. Nostalgische Wohnzimmer warten mit fürstlichem Komfort auf, jede Suite ist ein reizvoll eingerichtetes Unikat. Liebevoll wurden die historischen Mauern renoviert und modernisiert – der Charme der Patina, die vielen versteckten Winkel, die ursprüngliche Anmutung sind erhalten geblieben und der Flair längst vergangener Tage weht noch durch jede Ritze. Hinter jeder Ecke vermutet man einen Ritter in schillernder Rüstung, ein betagtes Burgfräulein oder gar das kleine Gespenst, das um Mitternacht aus seiner Eichentruhe steigt.

»No food waste« heißt es im Restaurant by Danilo D'Ambra. Was am Tisch verzehrt nicht wird, findet den Weg in den zimmereigenen Kühlschrank.

Frühmorgens, wenn die Sonne langsam hinter den Dolomiten emporsteigt, ist das herrliche Panorama über Bozen und das Überetsch ganz besonders reizvoll. Früh aufstehen kann eben auch lohnen. Nicht zuletzt, um gemütlich, ein paar Bahnen im blauen Pool zu ziehen. Zum Verweilen lädt das Park Bistro im grünen Ambiente des Schlosses von April bis Oktober mit herrlichem Ausblick auf eine Tasse Kaffee oder eine kleine Stärkung ein.

Ein traumhafter Ort zum Verlieben, was auch an den vielen herzlichen »Geistern« liegt, die dem Ganzen wieder neues Leben eingehaucht haben.

Schloss Freudenstein · Matschatscherweg 6 · 39057 Eppan an der Weinstraße · www.schlossfreudenstein.com/de/ · Haltestelle: Matschatscherweg/Via Massacio

ASIATISCHE AUSZEIT, »SOULFUL« KREIERT

42

Ungewöhnlich – aber perfekt gelungen – ist diese entspannte Fusion aus südostasiatischen Elementen und Südtiroler Tradition: Das Silena vereint die Gegensätze zweier Kulturen, die wie Yin und Yang Flügel und Wurzeln zugleich verleihen, um genussvoll über den Dingen zu schweben und mit einem Lächeln anzukommen.

Mitten im idyllischen Hochtal Vals auf 1354 Meter Höhe, umgeben von alpiner Landschaft, begegnet Südtiroler Tradition südasiatischen Wohlfühlgeheimnissen im Silena, the soulful hotel. Wie ein roter Faden verbindet sich die spektakuläre Fassade mit dekorativen Zimmerelementen und einem beruhigenden Zen-Garten mit international aufgestellter Tee-Bibliothek – eine einladende Kombination an einem Ort, an dem man ankommen kann und angenommen wird.

Im 40 Grad warmen Südtiroler Quellwasser des Onsen Pools auf dem Rooftop blickt man auf die umliegende Bergwelt. Ruhe und Entspannung findet in einer Tee-Zeremonie, bei der frische Bergkräuter gedanklich nach Südostasien entführen, ihren Höhepunkt. Regionale, gerne auch ausgefallene Zutaten wie Löwenzahn, Spitzwegerich, Vogelmiere und vieles mehr, was in dieser exponierten Lage wächst, zaubern köstliche Momente aus der Naturküche, die echtes Soul Food kredenzt. Wer die mögliche Dreiviertel-Pension bucht, darf übrigens gerne erst mit einem Langschläfer-Frühstück bis halb zwölf starten. Serviert werden die ungewöhnlichen Kombinationen, die den Gaumen auf eine spannende Reise schicken, im nach Feng Shui eingerichteten Designrestaurant oder auf der großen Sonnenterrasse.

Vorausgesetzt, das prächtige Farbenspiel der Natur lockt nicht vorab raus in die Bergidylle, ob zum Wandern, Trailrunning oder Biken. Im Winter hat die Region Gitschberg/Jochtal auch wolkenweiße, tief verschneite Berge im Angebot. Direkt vor der Haustüre des Silena liegen gespurte Langlaufloipen. Und nur wenige Schritte entfernt bringt die Bergbahn alle Skifahrer und Snowboarder hinauf zu verwunschen schönen Gipfelorten.

Silena, the soulful hotel · Via Birchwaldweg 10 · 39037 Mühlbach/Vals · Haltestelle: Kabinenbahn Jochtal, Bus 412

43 GALAKTISCHE NEBEL UND ROTE RIESEN

Es ist Zeit, die wahre Schönheit des Sternenhimmels zu bewundern. Und Orte zu erleben, an denen durch den Schutz der Dunkelheit wirkungsvolle Schritte für die Biodiversität geleistet werden.

Es ist eine andere Zeit. Und ein anderer Planet. So scheint es zumindest, wenn man entspannt von der Sternwarte in Gummer aus die rötliche Sonne beobachtet, die langsam hinter dem Horizont versinkt. Während die Welt sanft in das typische, leicht verschwommene Licht der Dämmerung getaucht wird, ruft in der Ferne ein Käuzchen. Nach und nach erglimmen mehr und mehr Lichtpunkte am Firmament über dem dämmerungsblauen Eggental, bis die Milchstraße gemeinsam mit unzähligen sichtbaren Sternen in einem kosmischen Spektakel von verschiedensten Farben am Himmelszelt schimmert.

Astronomisch eingerichtete Schlafzimmer bieten die Apollo und das Sternenzimmer beim Oberwirt – Astronautenfeeling pur.

Ganz unromantisch und realistisch betrachtet, funkeln über dem 1200 Meter hoch gelegenen Plateau mit seiner nahezu uneingeschränkten 360-Grad-Panoramasicht nicht mehr Himmelskörper als im restlichen Südtirol. Vielmehr sind es die natürlichen Gegebenheiten und die damit verbundene äußerst geringe Lichtverschmutzung, die hier in klaren Nächten mehr als 5000 Sterne in faszinierenden Formationen sichtbar machen. Zum Vergleich: Am Bozener Nachthimmel sind es nur gut 500 Himmelskörper.

Im Eggental, rund um die Sternendörfer Steinegg und Gummer, kann man bei einer Nachtwanderung eintauchen in die Geheimnisse des nächtlichen Sternenhimmels, an einem virtuellen Spaziergang auf der ISS in Südtirols einzigem Planetarium teilnehmen oder sich auf die Suche nach den Sehnsuchtsplätzen des ersten Sternendorfs Europas begeben, die auf dem Planetenweg und dem Weg der Sterne zu finden sind (s. S. 188). Hier, auf einem Hochplateau liegend, zeigt sich garantiert der schönste Nachthimmel Italiens mit perfekter Aussicht auf die mystisch schimmernde Milchstraße.

Sternendorf · Tourismus Steinegg · Kirchweg 5 · 39053 Steinegg · www.sternendorf.it · Haltestelle: Steinegg Dorf

SONNENABSTAND
DISTANZA SOLARE
149,6 MILL. KM
LÄNGE UMLAUFBAHN
LUNGHEZZA ORBITA
924,4 MILL. KM
UMLAUFDAUER
PERIODO RIVOLUZ.
365,24 TAGE-GIORNI
ROTATIONSDAUER
PERIODO ROTAZIONE
23 H 56' 4,099"
12.756 KM (1)
VOLUMEN
VOLUME
1.083,2 MRD. KM³ (1)
DICHTE
DENSITA'
5,515 KG/DM³ (1)
ACHSENNEIGUNG
INCLINAZIONE ASSE
23,45°
BAHNNEIGUNG
0°
GRÖSSENKLASSE
MAGNITUDINE
-
SUPERF.
MIN MAX
-88/58°C
ANZAHL DER MONDE
NUMERO SATELLITI
1
21% O2 - 78% N2

HISTORISCHER RÜCKZUGSORT

44

Alles wirkt ein wenig verwunschen und aus der Zeit gefallen, dabei liegt Castel Hörtenberg gleichzeitig ruhig und mitten im pulsierenden Bozen. Die Altstadt ist in wenigen Schritten ebenso zu erreichen wie die Oswaldpromenade, die zu einem gemütlichen Spaziergang samt traumhaften Ausblicken verlockt.

Eine Leibgarde an Zypressen säumt den Weg. Kleine Tische stehen zwischen blühenden Zitronenbäumen mit Blick auf den blauen Pool, der umsäumt von mächtigen Bäumen im gemütlichen Garten liegt. Opulenter Jasmin und riesige Oleanderbüsche zaubern eine duftende Atmosphäre – eine Wucht für alle Sinne!

Im Rücken das historische Gebäude aus warm anmutendem Sandstein. Fast verborgen und in absoluter Ruhe liegt der historische, doch modern gestaltete Ansitz mitten in Bozen. Was genau das denkmalgeschützte Anwesen ist, kann man beim ersten Anblick gar nicht sagen. Ein märchenhaftes Gästehaus? Oder ein wunderschönes Renaissanceschloss? Fakt ist: Dem Castel Hörtenberg, einem Ansitz mit nachweisbar langer Historie, mangelt es heute weder an Komfort noch Annehmlichkeiten.

Die Besitzerfamilie Podini hat es verstanden, sich seinen Geschichten leise zu nähern und Stein für Stein den ursprünglichen Charakter des Schlosses wieder ans Licht zu holen. Heute ist es ein durch und durch modernes und lebendiges Gästehaus, bei dem exklusiver Komfort auf höchstem Niveau auf ästhetische Sensibilität und einen exzellenten Service trifft. Hier wird keiner verstaubten Nostalgie gehuldigt, sondern Gegenwart in ihrem schönsten Sinne gefeiert. Das wird nicht zuletzt beim Abstieg in den romantischen Gewölbekeller deutlich, wo einst die Weine lagerten und sich heute ein kleines Restaurant befindet, das auch für externe Gäste zugänglich ist. Nur wenige Minuten vom quirligen Zentrum von Bozen entfernt gelangt man zur Oswaldpromenade, die Bozen mit den sonnigen Rebhängen des Weindorfs St. Magdalena und dem Schloss Runkelstein am Eingang des Sarntals verbindet.

Castel Hörtenberg · Via Monte Tondo 4 · 39100 Bolzano · www.castel-hoertenberg.com · Haltestelle: Cavourstraße, Bus 15

45 WO DER BISCHOF HOF HÄLT

Im Rücken die beruhigende Kraft des Felsmassivs Schlern, im Blick die beeindruckende Weite über Völs und das Tal. Sofort dringen Kraft und Ruhe der Natur tief ins Innere. Im Edel-Ansitz Zimmerlehen lassen sich unvergessliche Tage verbringen.

Inmitten von 800 Jahre alten Mauern, Gewölben und turmartigen Bauteilen scheint selbst heute noch die Zeit stillzustehen. Liebevoll und mit unermüdlicher Hingabe und Sorgfalt wurde das einstige bischöfliche Zinslehen aus dem 13. Jahrhundert renoviert. Seine Lage am Rande des Naturparks Schlern mit Blick über das gesamte Völser Tal ist atemberaubend.

Lauschige Plätze und sonnige Ecken finden sich so einige im malerischen Innenhof des Bauernhofs und laden zum gemütlichen Verweilen ein. Und beim Anblick des abenteuerlichen Spielplatzes schlagen alle Kinderherzen höher. Wer sich trauen möchte, findet in der kleinen Hofkapelle, in der im Jahr 1594 bereits Ferdinand von Kuepach, Landeshauptmann an der Etsch, seiner Katharina von Trapp das Jawort gab, eine ganz besondere Atmosphäre. Für die Hochzeitsfeier steht die großzügige Hofschänke in den historischen Gewölben zur Verfügung. Die Küche serviert Saisonales auf Basis hauseigener und regionaler Produkte – ein wahrer Genuss für alle Sinne. Das gilt ebenso für den mit viel Liebe zusammengestellten Frühstückskorb, den sich jeder Gast in seine Ferienwohnung wünschen darf. Selbstgemachtes und Hausgebackenes aus der Bauernküche – ein köstlicher Start in den Tag.

Der Zimmerlehen-Hof ist auch ein perfekter Ausgangspunkt für Spaziergänge, Wanderungen und Bergtouren. In nur zehn Gehminuten erreicht man den Völser Weiher, einen der saubersten Badeseen Italiens. Im Winter verwandelt sich dieser in einen zauberhaften Open-Air-Natureislaufplatz – eine ruhige Alternative zum Skifahren auf der Seiser Alm.

Der Bauernhof mit dem »Roten Hahn«-Siegel vermittelt ein herzliches Südtiroler Lebensgefühl, und das dank Familie Kompatscher, die ihn seit über 100 Jahren mit viel Liebe betreibt.

Edel-Ansitz Zimmerlehen · Kühbachweg 5 · 39050 Völs am Schlern · www.zimmerlehen.it · Haltestelle: Obervöls, Braun, Bus 176

Edel-Ansitz
Zimmerlehen

FOREVER

46 OLDTIMER-PS AUF PANORAMAFAHRT

Getreu dem coolen Motto »Home is, where MiBulli is« lässt sich in den Dolomiten die Zeit ein kleines bisschen zurückdrehen. Denn wenn eines als Synonym für Freiheit steht, dann der gute alte Bulli aus der gechillten Flower-Power-Ära. Bestens ausgestattet und mit viel Liebe restauriert, verzaubert ein stylischer Mietbulli auf einer ganz besonderen Vintage-Reise durch die magische Bergwelt der Dolomiten. Ob alleine oder mit Chauffeur, es warten atemberaubende Hotspots an außergewöhnlichen Orten für unvergessliche Erlebnisse im Retrostyle.

Übrigens: Ob sich ein Heiratsantrag in dieser Atmosphäre in Sachen Romantik noch toppen lässt? Für weitere individuelle Tipps steht das MiBulli Team garantiert mit Rat und Tat zur Seite.

MiBulli · Pontives 26/F · 39040 Lajen · www.mibulli.com

47 COOLER REBELL ÜBER MERAN

Nur 300 Meter von der Seilbahn Meran2000 entfernt steht einem Urlaub in den Bergen – stylisch, modern und ganz individuell – nichts mehr im Weg. Verschiedene Höhenlinien der Landschaft sind es, die für das äußere Erscheinungsbild des Hotels Prinz Rudolf verantwortlich zeichnen. Schwarz, Gold und die coole Art der Inszenierung machen den Charme des Hauses aus, das wie ein Theater anmutet. Modern wechseln sich Betonfassade und schwarz lasierte Oberflächen in den außergewöhnlich gestalteten Zimmern ab. Und der Hausgipfel ist ein großzügiges Spa mit Rooftop-Pools und spektakulärer Aussicht. Der Name ist Programm – das Prinz Rudolf ist dem Lebensgefühl des einzigen Sohnes Kaiserin Sisis gewidmet: rebellisch, lebensfroh, eigensinnig, abenteuerlustig – was sich im gesamten Smarthotel und auf dem direkt angrenzenden Campingplatz widerspiegelt.

Prinz Rudolf – Stay Smart · Naifweg 29 · 39012 Meran · www.prinzrudolf.com · Haltestelle: Meran, Einsiedler, Bus 1, 204, 225, 232, N13

WESTFALIA

PRINZ RUDOLF

MAGISCHES MOUNTAIN-HIDEAWAY

48

Es gibt Slow-Travel-Places, die eine einzigartige Energie besitzen – so wie die Amus Chalets Dolomites. Es sind verführerische Oasen, die Eleganz und Komfort im Einklang mit der Natur zu einem luxuriös-entspannten Erlebnis werden lassen.

Man stelle sich vor, frühmorgens – nach einer Nacht wie auf Wolken – die Augen zu öffnen und den Blick über das Bergpanorama des oberen Antholzertals gleiten zu lassen. Langsam klettern die ersten Sonnenstrahlen empor und hüllen die schroffen Berggipfel in sanftes Orange. Schnell noch einen heißen Kaffee zubereiten für das Frühstück im Bett. Liebevoll sind gute Geister in den frühen Morgenstunden bereits von Chalet zu Chalet gehuscht, um die individuellen Frühstückswünsche unbemerkt zu liefern. Und zaubern so, heimlich, still und leise, den Stress des Alltags einfach weg.

Wahre Entspannung lässt sich auf den 100 Quadratmetern der zwei Etagen genießen. Sanft duftet das Altholz, das – perfekt kombiniert mit natürlichen Materialien – für pure Schönheit und Komfort sorgt. Tradition verbindet sich mit Luxus, Gemütliches mit dezent versteckter moderner Technik. Ganz einfach koppelt sich das Handy mit der unsichtbar installierten Musikanlage, während wir es uns in der Verwöhnecke der Stube mit knisterndem Kamin, frei stehender Badewanne und eigener finnischer Sauna mit duftendem Zirbenholz gemütlich machen.

Draußen auf der Terrasse wartet der Hotpot und lädt zu intim ruhigen Momenten ein. Stille macht sich breit, während wir gemütlich im heißen Quellwasser liegen und den Blick über die weite Bergwelt des Antholzertals schweifen lassen. Nichts lenkt die Aufmerksamkeit vom Wesentlichen ab. Jedes Chalet liegt in einem von der Natur geschützten Raum mit Blick auf die Berge. Und sollten wir uns wirklich aus diesem traumhaften Luxus entfernen wollen, um auch die Region zu erleben, bietet das Tal zu jeder Jahreszeit wanderbare Möglichkeiten – ob im Sommer mit Wanderstiefeln oder in der winterlichen Langlaufvariante.

Amus Chalets Dolomites · Riepe 17 · 39030 Rasen Antholz · www.amus-chalets.com · Haltestelle: Mittertal, Bus 431

49 ALMHOTEL IN EXKLUSIVER LAGE

Inmitten der Bergwelt der Grödner Dolomiten, auf dem wohl schönsten Almgebiet der Region, verzaubert ein wunderbarer Rückzugsort auf 2106 Metern über dem Meer. Trubelig ist es im Col Raiser nur, bis sich die letzte Bahn ins Tal bewegt. Danach kehrt absolute Ruhe ein.

Ein Genussort ist diese veredelte ehemalige Skihütte, hoch oben in den Bergen Südtirols, ganz sicher. Wenn an der Bergstation des Col-Raiser-Lifts auf 2200 Höhenmetern langsam die Sonne hinter den Gipfeln der Dolomiten versinkt, ist ein beeindruckender 360-Grad-Blick in das faszinierend ruhige Weltnaturerbe garantiert. Direkt an der Skipiste gelegen, verrät Gastgeber Hansi Schenk, selbst ein begeisterter Skifahrer, im Winter die besten Berghütten- und Pistentipps. Wertvolle Informationen aus erster Hand gibt es aber auch in der warmen Jahreszeit für fantastische Wanderungen mit Wow-Effekt. Zurück von der traumhaften Tagesaktivität, steht neben Wellness auch kulinarischer Genuss auf dem Programm. Klein, aber fein, bietet der Spa-Bereich alles, was für Entspannung sorgt. Ob finnische Sauna, Dampfbad, Ruheraum oder beheizter Außen-Whirlpool, der Blick in die Berge ist ein ständiger Begleiter. Abends, wenn die Küchenchefin aus den frisch gelieferten Produkten liebevoll ein Vier-Gänge-Menü nach heimischen Rezepten kredenzt, empfiehlt es sich, unbedingt noch ein bisschen Platz für die köstliche Nachspeise übrig zu lassen. Eine himmlische Ruhe sorgt in den mit viel Holz, Licht und Sinn fürs Wohlbefinden eingerichteten elf Zimmern und Suiten für einen erholsamen Schlaf. Und am nächsten Morgen, noch vor dem schmackhaften Frühstücksbuffet, das mit regionalen Produkten verwöhnt, verzaubert als Erstes das grandiose Panorama mit der unbeschreiblichen Schönheit von Langkofel und Co. Ein Ort, der Auszeitgenießer ebenso fasziniert wie naturliebende Genussabenteurer.

Ein Geheimtipp ist die Seceda nicht. Wer im Almhotel übernachtet, ist aber unabhängig von jeder Bahn und kann den Bergrücken in weniger als einer Stunde Fußweg ganz alleine erleben.

Almhotel Col Raiser · 39047 St. Christina in Gröden · www.colraiser.com · Haltestelle: Bergstation der Col-Raiser-Bahn

ZUR APFELBLÜTE IM FORSTERHOF

50

»In deinem Tempo und nach deinen eigenen Vorlieben« - das Motto des Forsterhofs vereint die schönen Seiten von Stadt- und Landleben mit einem Slow-Travel-Place. Inmitten von duftenden Apfelplantagen ist er ein Zufluchtsort zum »Ankommen und Ausruhen«, und das nur einen Steinwurf von der schicken Kurstadt Meran entfernt.

Grüne, sanfte Berge bilden die Kulisse für dunstige Nebel an ruhigen Morgen, blauen Himmel an malerischen Nachmittagen und romantische Sonnenuntergänge an lauen Abenden. Der neu konzipierte Forsterhof glänzt in zeitlos-reduziertem Design, jeder Platz lichtdurchflutet und zugleich mit kuscheliger Geborgenheit. Große Fensterfronten lassen die Grenze zwischen drinnen und draußen verschwinden und spiegeln das intensive Grün der umliegenden Apfelbäume, je nach Jahreszeit eingehüllt in einen rosa-weißen Blütenduft oder die Farbenpracht des Herbstes während der Ernte, während sanftes Vogelgezwitscher erklingt.

Das Bed & Breakfast erstreckt sich mit 25 Zimmern und Suiten in alle Himmelsrichtungen. Einen gesonderten Wellnessbereich gibt es zwar nicht, der blaue Outdoor-Pool lockt aber ebenso wie persönliche Momente der Stille im eigenen Terrassen-Whirlpool, der Zimmer-Sauna oder der gemütlichen Leseecke. Gefrühstückt wird im wahren Urlaubszentrum – dem Garten. Hier kommt auf den Tisch (oder besser gesagt auf die Etagere), was das Mutter-Tochter-Duo an süßen Köstlichkeiten aus dem hofeigenen Obst zaubert, ergänzt von Schinken aus der eigenen Landwirtschaft und dem Besten, was das Meraner Land zu bieten hat. An der hervorragend ausgestatteten Vertrauensbar in der Lobby finden sich köstliche Cocktail-Mix-Rezepte samt Zutaten.

Slow down als Urlaubsgefühl – hier geschieht alles in angenehmer Ruhe, mit einem feinen Gespür für Service und einem großen Bewusstsein für Qualität. Das gilt auch für die regelmäßig stattfindenden Frauen-Retreats im Forsterhof – Momente der Selbstfürsorge und -reflexion in einer hektischen, von Ablenkung und Stress geprägten Welt. Ein wahrer Slow-Travel-Place, um seine Batterien aufzuladen.

Der Forsterhof · Brauhausstr. 45 · 39022 Algund/Forst · Haltestelle: Moarhöfe, Bus 237

MAL WIEDER

ZEIT FÜR KULTUR!

51 HISTORISCH WIRKUNGSVOLL

Auf einem rezeptfreien Rundgang im Pharmaziemuseum Brixen erfährt man Wissenswertes rund um die Herstellung und Verwendung von Arzneimitteln. Die gezeigten Ausstellungsstücke stammen aus dem täglichen Apothekengebrauch und führen in mehr als 400 Jahre Pharmaziegeschichte ein, teils mit kostbaren Apothekergefäßen, wertvollen Kräuterbüchern, pharmazeutischen Geräten und exotischen Heilmitteln aus allen Erdteilen. Darüber hinaus gibt es so manch skurriles Heilmittel in der im Jahr 1602 gegründeten Brixner Stadtapotheke zu erkunden – und natürlich die damit verbundene Wirkung. Verwendung fand schließlich alles, was potenziell helfen konnte: Speckstein, Donnerkeil, Asseln, Hirschhorn … Unverfälscht schlummerte dieser Schatz bis 2002 auf dem Dachboden des Apothekerhauses.

Pharmaziemuseum Brixen · Adlerbrückeng. 4 · 39042 Brixen · Di–Mi 14–18, Sa 11–16, Juli/Aug. Mo–Fr 14–18, Sa 11–16, Adventsonntage 11–16 Uhr · www.pharmaziemuseum.it · Haltestelle: Adlerbrücke, Bus 320.3, 320.4

52 GRENZENLOSE KLOSTERMOMENTE

Malerisch schön in die Landschaft am Waldhang gebaut, ist das Kloster Marienberg aus dem 12. Jahrhundert schon vom Eingang des Obervinschgaus sichtbar. Gemütlich und aussichtsreich zieht sich der Spaziergang über den Sonnensteig durch die Weinberge hinauf. Eine kleine Auszeit im modernen Klostercafé lohnt, bevor man sich in die historischen Mauern des Benediktinerstifts mit seiner barocken Stiftskirche und der leuchtenden Gruft begibt. Der kulturhistorische Stundenweg, der früher Kloster Marienberg mit dem 20 Kilometer entfernt im romantischen Val Müstair liegenden Kloster Son Jon grenzüberschreitend verband, ist durch einen Felssturz nur noch eingeschränkt begehbar. Eidgenössischen Boden erreicht man entlang des naturkundlich und spirituell interessanten Weges nicht mehr. Am Berghang westlich der Malser Heide geht es aber durch das Schliniger Tal bis Laatsch.

Kloster Marienberg · Schlinig 1 · Burgeis · 39024 Malles · www.marienberg.it · Haltestelle: Burgeis Marienberg, Bus 277

MITTELALTER-FLAIR BEIM BURGWEGWANDERN

53

Eppan ist nicht nur das weitläufigste Weinbaugebiet Südtirols, das Überetsch gilt auch als burgenreichste Region Europas. Entspannt wandern, gemütlich einkehren und sich dazwischen immer wieder der Faszination historischer Burgmauern hingeben – klingt großartig, oder?

Es waren die Schönen und Reichen längst vergangener Zeiten, die am Fuße des Mendelkamms in der weinseligen Hügelregion im Überetsch weithin sichtbare repräsentative Mauern errichten ließen. Auf ihren Spuren geht es auf der sieben Kilometer langen »Eppaner Burgenrunde« vorbei an drei historischen Burgen, mit Gelegenheit zu deren Besichtigung samt kulinarischer Pause. Der gut beschilderte Rundweg beginnt zwischen Weinbergen und Obstgärten am Wanderparkplatz Missian. Vorbei an Schloss Korb, heute einem romantischen Schlosshotel, führt er durch Schatten spendenden Laubwald hinauf zur Schlossruine Boymont. Auffällig ist die rechteckige Bauweise, welche zur Entstehungszeit der hochmittelalterlichen Burg nicht üblich war. Der Innenhof beherbergt einen Buschenschank, der Gäste kulinarisch mit allerlei historisch angehauchten Leckereien der Südtiroler Küche verwöhnt.

Etwas unterhalb der Burg Hocheppan steht auf einer aussichtsreichen Kuppe der 34 Meter hohe viereckige Kreidenturm, ein ehemaliger Wach- und Wehrturm.

Anschließend heißt es, über wurzelige Steige und Treppen am schattigen Hang des Ganzkofels entlangzuspazieren. Gut eine halbe Stunde später können wir den Schweinen im Burggraben von Schloss Hocheppan beim Futtern zuschauen. Besonders sehenswert ist die kleine Kapelle, die aufgrund der gut erhaltenen Fresken auch »Sixtinische Kapelle der Alpen« genannt wird. Und auch hier versorgt eine gemütliche Schänke hungrige und durstige Wanderer.

Die beste Jahreszeit für die Rundtour sind die Monate April bis November. Festes Schuhwerk und genug Kondition für einen Höhenunterschied von 400 Metern sollten vorhanden sein. Belohnt wird man für die Mühe mit panoramareichen Ausblicken auf den Spuren der alten Ritter.

Eppaner Burgenweg · Hocheppaner Weg · 39057 Eppan an der Weinstraße · www.eppan.com · Haltestelle: Missianer Weg, Bus 135.2

54 DIE ULTNER URLÄRCHEN

Rot-weiße Markierungen führen zu einem urigen Naturerlebnis: Drei uralte Lärchen – wohl die ältesten Nadelbäume Europas – ragen auf 1430 Meter Meereshöhe bei St. Gertraud in den Himmel, wirkungsvoll positioniert am Rande eines Bannwalds, der die historischen Bauernhöfe dort seit jeher vor Lawinen schützt.

Waldreich und geprägt von prächtigen Almweiden, Bergseen und Ketten uralter Bauernhöfe, liegt unweit von Meran fast mystisch das Ultental. Verschlungene Wanderwege und Radstrecken führen vorbei an urigen Dörfern mit sonnengegerbten Häusern. So ursprünglich wie zu Großmutters Zeiten zieht sich das Tal rund 40 Kilometer lang parallel zum Vinschgau von Westen nach Osten.

Wenige Gehminuten von den Ultner Urlärchen entfernt gelangt man zum Klapfberg-Wasserfall. Vor allem von Mai bis Oktober ist ein Besuch lohnenswert.

Wahrscheinlich standen die drei »hölzernen alten Damen« schon vor den ersten Einwohnern im Ultental. Auf einer Meereshöhe von 1430 Metern gibt es seit rund 1000 Jahren bereits die wohl ältesten Nadelbäume Europas. Jedes Jahr im Frühling bezaubern sie mit zartgrünem Austrieb und ihrer roten Zapfenblüte, und in der warmen Herbstsonne leuchtet ihre Färbung goldgelb. Sturm und Wetter haben die über 35 Meter hohen Lärchen gezeichnet. Doch gerade die Blitzeinschläge und das Alter machen diese Bäume so interessant. Neben ihrem Umfang von stellenweise über acht Metern ist der Stamm teilweise eine riesige Höhle. Wipfel wurden über Generationen eingebüßt, mancherorts neu entwickelt, und trotzdem pulsiert ein eigener Mikrokosmos an Leben in diesen Baumtorsi. Wie spannend wäre es zu erfahren, welch ereignisreiche Details aus der Vergangenheit die dicken Rinden und gebogenen Äste zu erzählen haben!

Besonders im Spätherbst empfiehlt sich ein Tagesausflug entlang des Ultner Höfewegs. Wettergegerbte braune Balken, grau verwitterte Lärchenholzschindeln und windschiefe Holzzäune charakterisieren die zahlreichen alten Bauernhöfe, echte Zeugnisse einer bäuerlich-traditionellen Kultur.

Ultner Urlärchen · Lärchengarten · 39016 St. Gertraud · Haltestelle: Stall, Bus 245, N245

DIE WELT DER ÄPFEL IM MUSEUM

55

Sechs Milliarden Äpfel von 50 Millionen Apfelbäumen werden in Europas größtem zusammenhängenden Obstanbaugebiet in Südtirol jährlich erzeugt. Nicht nur deshalb ist Lana, die größte und zugleich älteste Obstbaugemeinde des Landes, für eine unterhaltsame wie informative Begegnung mit dem Apfel prädestiniert.

Im Larchgut, einem Ortsteil von Lana, führt ein paradiesischer Streifzug durch die kulturgeschichtliche Darstellung einer verbotenen Frucht: des Apfels. Ob Gesundheitswert, Schönheitsdenken oder Herrschersymbol, der Apfel war in jeder Epoche von großer Bedeutung. Urapfelbäume stehen sogar heute noch in den Wäldern von Almaty, der ehemaligen Hauptstadt Kasachstans. Über die Seidenstraße gelangte das Steinobst nach Griechenland, um – veredelt und kultiviert – dank der Römer weitere Länder zu erobern.

Während in der bunten Kinderwelt des Südtiroler Obstbaumuseums spielerische Entdeckungsreisen rund um den Apfel für viel Spaß bei den Kleinen sorgen, geben Bereiche wie die Entstehung des Erwerbsobstbaus, Schutz der Kulturen mit Feuer und Eis sowie passende Sorten für jeden Geschmack tiefere Einblicke in die Vielfalt der Themen zu dieser Frucht. Der Besuch ist kostenfrei, Spenden werden aber gerne angenommen. Regelmäßig finden auch Führungen statt, die mit einem besonderen Museumserlebnis das Lernen außerhalb der Klassenzimmer unterstützen.

Mehr über den Südtiroler Apfel in seiner natürlichen Umgebung lässt sich auf dem Apfelweg in Dorf Tirol erfahren. Auf einer leichten, vier Kilometer langen Rundwanderung – eigentlich sollte man besser familienfreundlicher Spaziergang sagen – geht es durch die Obstgärten rund um Dorf Tirol. Sie startet am Büro des Tourismusvereins in der Dorfmitte. Verschiedene Stationen berichten vom Apfel selbst, alten Sorten und den Tätigkeiten der Apfelbauern. Neben vielen Apfelbäumen, die besonders im Frühling zur Blüte und im Herbst zu Ernte einen einzigartigen Charme versprühen, führt der Weg an Sehenswürdigkeiten wie der Ruprechtskirche oder Schloss Auer vorbei.

Südtiroler Obstbaumuseum · Brandiswaalweg 4 · 39011 Lana · April–Nov. So–Fr 10–17.30 Uhr · www.obstbaumuseum.it · Haltestelle: Parrocchia, Bus 211, 215

56 EIN SCHWARZER TURM WIRD WEISS

72 Meter hoch ragt der markante weiße Turm der Pfarrkirche St. Michael als Wahrzeichen und höchstes Gebäude der Bischofsstadt Brixen weithin sichtbar über den Dächern auf. Ein Turm, der viele Geschichten zu erzählen hat, denen man in seinem Inneren - heute einem Museum - nachspüren kann.

Am historischen Domplatz inmitten der Brixener Altstadt befindet sich der bedeutendste Sakralbau der Stadt: der Dom zu Brixen, dem heiligen Kassian und der Himmelfahrt Mariens geweiht. Vor allem die Fresken, ein Hochaltar, die spätgotische Madonna und der sehr beeindruckende Kreuzgang machen die im Jahr 1174 um ihre Fassadentürme bereicherte Bischofskirche zu einer besonderen Sehenswürdigkeit.

Gerade mal 100 Meter davon entfernt, am Pfarrplatz, steht die Pfarrkirche mit ihrem Weißen Turm. Um circa 1300 errichtet, fiel der ursprüngliche Glockenturm dem Brand von 1444 zum Opfer. Seine gotisch-eckige Form geht auf das Jahr 1459 zurück, als er wiedererrichtet und darüber hinaus mit einem dunklen Spitzdach erhöht wurde. Erst als er gegen Ende des 16. Jahrhunderts weiß getüncht wurde, wurde aus dem ehemals Schwarzen der heutige Weiße Turm.

Täglich um 11 Uhr erklingt das Glockenspiel über der Stadt. Sichtbar wird es bei einer Führung durch das heute im Turm beherbergte Museum. Neben beeindruckenden Glocken stehen Zeit, Feuer und eine riesige goldene Kugel zur Erläuterung des Turmkugelinhaltes im Fokus – abgesehen von den unzähligen Treppen- und Leiterstufen, um den Turm in seiner vollen Höhe zu erklimmen. Die von außen so charakteristischen vier Giebelerker am oberen Turmende sind innen interessant zu besichtigen. Ursprünglich dienten sie den beiden Turm- und Feuerwächtern als Auslug, um alle Stadtbewohner frühzeitig bei Gefahr warnen zu können. Ein Dienst, der ab den 1930er-Jahren bis zum Beginn des Zweiten Weltkrieges aktiv betrieben wurde. Noch heute ist der Blick über die Bischofsstadt beeindruckend schön.

Weißer Turm · Pfarrplatz 3–4 · 39042 Brixen · Mai–Okt. auf Anfrage für Gruppen geöffnet · www.brixen.org · Haltestelle: Adlerbrücke

1908
Spezialitäten
Standl
Tradition und Genuss • Gusto e tradizione
Miele/Honig • Vino/Wein • Spezie/Gewürze • Grappa • Pasta

Kulturwanderweg
Peter Mitterhofer

57

EIN ORT ALS KUNSTWERK

Ansitze, Burgen und historische Bauten prägen das landschaftliche Ambiente von Südtirol. Einst lag Partschins, dessen geschlossener Dorfkern von engen Gassen und mehreren Kirchen geprägt ist, direkt an der historischen Handelsstraße, der Via Claudia Augusta.

Wer sich auf die kulturellen Spuren von Partschins begibt, wird so einiges über die geschichtliche Bedeutung der alten Bauten und Sehenswürdigkeiten erfahren. Einmal pro Woche kann man bei einem geführten Kultur-Spaziergang entlang historischer Mauern wandern. Der Weg führt von den Zeitzeugen der alten Römer und Räter durch malerische Gassen bis hin zum Pionier und Erfinder der Schreibmaschine: Peter Mitterhofer. Ein ganzes Museum hat man dem Partschinser Tischlersohn gewidmet. In seinem Heimatdorf sind rund 2000 Exponate zu besichtigen, die die Entwicklungsgeschichte von den Anfängen der Schreibmaschine bis in die 1980er-Jahre zeigen.

Was sich als Wort bereits im Namen »pARTschins« verbirgt, ist im Ort Programm: Art (also Kunst) liefert den Balsam für die Seele. Hier ist die Natur gleichzeitig Künstler und Bühne. Die großartige Kulisse blühender Apfelwiesen, plätschernder Waale, der schneebedeckten Gipfel der Texelgruppe und eines fast unwirklich blauen Himmels setzt Partschins ganzjährig in Szene.

Kunst in enger Verbindung mit der Landschaft kann man in Partschins beim Lustwandeln im »gARTen« erleben, sprich als Freiluftkunst rund um den Gaudenturm, dem Treffpunkt für Kunstbegeisterte. Von April bis Juni mischen sich Werke Südtiroler Künstler unter die Blumenbeete und Apfelbäume des nostalgischen Gartens. In der einzigartigen Kulisse des historischen Ansitzes lässt es sich gemütlich bei einem Glas Selbstgebrannten, den die einzige Schnapsbrennerin Südtirols kredenzt (s. S. 14), lustvoll kunstwandeln. Ob Vernissage, klassisches Konzert oder eine feine Lesung – mit der Reihe »Wine & Art & Flower« zaubert Partschins inmitten von Blütenduft und Weinreben stimmungsvolle Festlichkeit, kombiniert mit Genuss für alle Sinne.

Tourismusverein Partschins, Rabland, Töll · Spaureggerstr. 10 · 39020 Partschins · Infos und Termine zu den einzelnen Veranstaltungen unter www.partschins.suedtirol.com · Haltestelle: Parkdeck

58 ZU GAST BEI »ONKEL TAA«

Im diesem Museum steckt nicht nur die Geschichte eines Bades. Es erzählt auch Geschichten rund um das Kaiserpaar Sisi und Franz Joseph. Und im angrenzenden Restaurant kommt man den kulinarischen Geheimnissen der K.-u.-k.-Hofküche auf die Spur.

Wie genau die Definition für diesen Ort lautet, bleibt unklar. Fakt ist: Wer ihn besucht, ist überwältigt. Hier, im ältesten Bad Tirols mit seinem Badehaus Egart, hat »Onkel Taa« ein faszinierend skurriles »K. u. K. Museum« erschaffen. Eine aristokratische Welt, in welcher der Habsburger Kaiser Franz Joseph und seine Gemahlin Elisabeth liebevoll verehrt werden. Man begegnet Karl Platino, wie »Onkel Taa« mit bürgerlichem Namen heißt, der ein Sammelsurium an Fundstücken aus der österreichisch-ungarischen Kaiserzeit zusammengetragen hat. Passender könnte der Ort nicht sein. Einst von Sisi und vielen Adeligen aus ganz Europa als Kurbad geschätzt, ist es heute zu einem garantiert unvergesslichen Museum geworden.

Abgerundet wird der Besuch in der angrenzenden kaiserlichen Kräuterküche, die »Onkel Taas« drei Damen betreiben. »Andere machen Yoga, ich gehe in meinen Kräutergarten«, sagt die Chefin der Küche, Janett. Großmutter Mariandl schmeißt gemeinsam mit Enkeltochter Juliane den Service, während Tochter Janett so manches Kraut aus dem eigenen Biogarten auf den Teller zaubert. Ihrem fröhlichen Naturell entsprechend sind die Gerichte bunt und einzigartig. So könnte man auch die Küche beschreiben, wo ein schier endloses Regal mit prall gefüllten Einmachgläsern steht: Blüten, Kräuter, Fruchtaufstriche, eingelegtes Obst und Gemüse – »olls selbst g'mocht«.

Wie zu erwarten, ist auch der kulinarische Genuss einzigartig. Bemüht, die Tradition der K.-u.-k.-Hofküche zu bewahren, finden sich selbstverständlich Sisis und Franz Josephs Lieblingsgerichte auf der Karte, von Weinbergschnecken (aus eigener Zucht) über frische Forellen, des Kaisers Gugelhupf bis hin zum hauseigenen kaiserlichen Wein.

K. u. K. Museum Bad Egart im ältesten Heilbad Tirols · Bahnhofstr. 17 · 39020 Töll · Museum: Di–So 10.30–15 Uhr, Restaurant: Di–Sa 12–15 & 18.30–23 Uhr · www.onkeltaa.com · Haltestelle: Bahnhof Töll, Zug 250

LOTHRINGEN.

MCMXIV

LUSSO NUOVO MERAN

59

Es ist die Mischung aus südlichem Flair, einer Portion Alpencharme, garniert mit dem wohl vielfältigsten Gourmetangebot südlich des Alpenkamms: Genuss zwischen Palmen und weißen Berggipfeln nennt sich *»lusso nuovo«* - Meraner Lebensgefühl, frisch interpretiert.

Beste Voraussetzungen für Abwechslung, Auszeit und Erholung: Meran, ist eine kontrastreiche Symbiose aus alpin und mediterran, Spontanität und Verlässlichkeit, Natur und Kultur. Wäre man in Dänemark, käme jedem umgehend der Begriff »Hygge« in den Sinn. In Meran umschreibt man diese sinnliche Lebensqualität am besten mit *nuovo lusso*, dem »neuen Luxus«.

Luxus – das ist die traumhafte Lage der Stadt. Hohe Gebirgswälle schützen das Meraner Becken gen Norden, während ungehindert die warmen mediterranen Luftströme durch das breite Etschtal hinaufkommen.

Luxus – das sind über 300 Sonnentage im Jahr, die die zweitgrößte Stadt Südtirols in ihrer Talkessellage am unteren Ausgang des Vinschgaus verbuchen kann. Wo die Passer in die Etsch mündet, entsteht das besondere »Meraner Flair«, ein Zusammenspiel von alpenländischer Tradition und mediterranem Lebensgefühl – gastronomisch und geografisch betrachtet –, garniert mit versteckten Kraftorten und einer Vielzahl kultureller Veranstaltungen in historischen Gebäuden, etwa dem Kurhaus & Stadttheater Meran, das das gesamte Jahr hindurch mit einem abwechslungsreichen Programm aufwartet.

Luxus – das ist der Charme dieser Stadt inmitten leuchtend grüner Natur. Am Vormittag auf dem Schnalstaler Gletscher Ski fahren, nachmittags durch blühende Apfelplantagen radeln … keine andere Region Südtirols bietet klimatisch so atemberaubende Kontraste wie Meran mit seinem Umland.

Was schon im 19. Jahrhundert Österreichs Kaiserin Sisi so liebte, ist heute fester Bestandteil auf dem Weg zu mehr Achtsamkeit im Leben: 7.30 Uhr ist Treffpunkt an der Sisi-Statue, um bei geführten Aktivangeboten wie Kneipp-Anwendungen oder »Bewegung ohne Eile« gemeinsam und bewusst in den Tag zu starten. Der »Hygge«-Lifestyle mit alpinem Einfluss. Meran muss man erleben, spüren und genießen.

Meran · www.merano-suedtirol.it/de/meran.html

60 SPUREN KELTISCHER KULTPLÄTZE

Weit mehr als nur geografische Koordinaten sind Plätze, an denen man gerne verweilt. Einfach im Hier und Jetzt sein, spüren, genießen und erleben. Orte voller Energie, die für den Verstand schwer zu fassen, für das Gefühl aber ganz einfach sind.

Sechs solcher Kraftorte finden sich, fußläufig höchstens 30 Minuten voneinander entfernt, rund um den Wolfsgrubener See oben auf dem Hochplateau des Ritten. Es lohnt sich, nach besonderen Aussichtspunkten wie dem »Signater Kopf« zu suchen – einem Felsvorsprung, der den Blick auf die Silhouetten der Berge, deren Hänge und Wälder und bis hinab ins Tal auf Bozen lenkt. Oder Ruhe und Erholung in der geschützten Atmosphäre eines Menhirs zu finden, wo es waldig nach Rinde, Moos und Erde duftet. Man kann auch einfach die Seele in der energiereichen Umgebung des Mitterstieler Sees baumeln lassen, eines Biotops mitten im sanften Mischwald, ein Platz mit vielfältig gedeihender Flora und Fauna. Kraftplätze zum Sein – wer mag, lässt sich leiten von meditativen Übungen, die sich, auf die jeweilige Station abgestimmt, mit Themen aus dem Alltag befassen.

Das Hotel Weihrerhof am Wolfsgrubener See hat diese Orte samt geschichtlicher Hintergründe und Meditationsanregungen in einem Booklet zusammengefasst.

Ganz zufällig sind diese Orte nicht gewählt. Vielmehr wurden hier keltische Kultplätze mithilfe der Geomantie (einer Art europäischem Feng Shui) ganzheitlich erfasst und hinsichtlich ihrer energetischen Identität von einem Bauingenieur untersucht. Die Kelten, so weiß man, waren über Nordeuropa verteilte Stammesverbände mit einem einzigartigen Wissensschatz über die Geheimnisse der Natur und der Gestirne. Hüter dieser Schätze und Vermittler zwischen weltlichen und spirituellen Aspekten waren die Druiden. Südtirol war stark von Kelten besiedelt. Der Ritten diente ihnen als eine Art prähistorische Sternwarte und bietet deshalb auch heute noch eine hohe Dichte an solch energetisch und kulturell interessanten Plätzen.

Wolfsgrubener See · Wolfsgruben · 39054 Oberbozen · www.weihrerhof.com · Haltestelle: Wolfsgruben, Bus 163, 161

DAS DORF IN EINE ANDERE WELT

61

Raufgehen, um runterzukommen: So lässt sich eine Auszeit in Aschbach, einem kleinen Bergdorf auf 1360 Metern hoch über dem vorderen Vinschgau, inmitten idyllischer Natur mit wunderbaren Weitblicken wohl am besten zusammenfassen. Automatisch zieht es den Blick auf einen ganz besonderen Kraftplatz: das kleine Kirchlein Maria Schnee.

Fragt man die Verwaltung der Gemeinde, gehört dieser zauberhafte Weiler zu Algund. Geografisch betrachtet, blickt man von hier oben über den dicht bewaldeten Nördersberg hinab. Unten im Tal glitzern die Lichter von Partschins und Naturns. Ein administratives Kuriosum, das aber bedeutungslos wird, schaut man über den grünen vorgelagerten Hügel, auf dem um 1695 das Kirchlein Maria Schnee erbaut wurde.

Gemütlich lässt es sich hier sitzen, angelehnt an die warme Mauer dieses Kraftortes. Ein Platz, an dem die Zeit bedeutungslos wird und der Ausblick bis hinauf zum Stilfserjoch seinesgleichen sucht. Gottesdienste finden hier schon lange nicht mehr statt; dafür hat die kleine Enklave die ebenfalls sehenswerte, im Jahr 1889 neu und größer erbaute Kirche, die dem heiligen Herzen Jesu geweiht wurde.

Am einfachsten lässt sich diese traumhafte Wanderregion mit der modernen Seilbahn Aschbach von Rabland aus erkunden. Es ist auch ein idealer Ausgangspunkt für genussvolle Biketouren und bestens ausgeschilderte Erlebniswege und Entdeckertouren für Groß und Klein.

Und für alle, die hier noch mehr Zeit verbringen möchten: Zauberhafte Bauernhöfe bieten gemütliche Ferienwohnungen zum Übernachten an. Ein Gasthof mit großer Sonnenterrasse ist Treffpunkt für Einheimische wie Gäste gleichermaßen. Chef Max ist immer aufgelegt zu einem netten Plausch, und Evi zaubert mit ihren Torten wahre Gaumenfreuden auf den Kaffeetisch. Denn natürlich gilt: Am Berg gibt's keine Kalorien. Die finden erst im Tal ihren Weg auf die Hüfte.

Maria Schnee Aschbach · 39022 Algund · www.algund.info ·
Haltestelle: Seilbahn ab Saringstraße 36, Rabland, durchgehend 8–12 & 13–19 Uhr,
Wintermonate letzte Talfahrt 18.30 Uhr

62 HISTORISCHE FRESKEN UND RITUELLE SCHEIBEN

Felsig, karg und glazial ragt ein 1077 Meter hoher Rundbuckel aus Glimmerschiefer im oberen Vinschgau auf. Allein schon beim Blick dieses markanten, weithin sichtbaren Wahrzeichens über der Malser Heide werden viele Mythen- und Sagengestalten wieder lebendig.

Kurz hinter der Stadtmauer, in der Nähe des Malser Torturms von Glurns, startet eine gemütliche Wanderung auf den Tartscher Bühel. Knapp 5,5 leichte Kilometer und gut 130 Höhenmeter geht es auf Weg Nr. 18 hinauf auf den »Hügel«, so die korrekte Übersetzung von »Bühel« oder auch »Bichl« und vorbei an einer archäologischen Grabungsstätte, die als historisches Zentrum des Vinschgaus gilt und vermutlich eine 1,3 Hektar große vorrömische Siedlung beheimatete. Sichtbar ist davon heute an dem durch Gletschereinwirkung entstandenen Hügel leider nichts mehr. Einzig unterirdische Spuren unvollendeter Bunkeranlagen aus dem Zweiten Weltkrieg befinden sich hier neben Ablagerungen von Gletschermoränen in Felsmulden.

Bummeln Sie durch mittelalterliche Laubengänge und statten den Werken des Malers Paul Flora im Kirchtorturm einen Besuch ab.

Romanisch mutet die mit einer Steinmauer eingefriedete Kirche St. Veit aus dem 11. Jahrhundert auf dem Gipfel an. Sanft schimmert die Sonne durch herbstlich gelbe Lärchennadeln und hüllt den auf Überresten einer vorchristlichen Kultstätte errichteten ältesten erhaltenen Bau des Vinschgaus in weiches Licht. Erst 2000 wurden die historischen Fresken aus der Zeit um 1200 in der Apsis freigelegt.

Alte Kultorte waren von jeher Schauplätze ritueller Handlungen. Auf dem mystischen Tartscher Bühel unweit der kleinsten Stadt Südtirols, Glurns, wird man immer Anfang Februar Zeuge eines unvergesslichen Rituals: Begleitet von traditionellen Reimen, werden brennende Birkenholzscheiben so weit wie möglich den Hang hinuntergeschleudert. Gleichsam poesievoll wird mittels dieses Scheibenschlagens der Winter verabschiedet, um den Frühling willkommen zu heißen.

Tartscher Bühel · 39024 Mals · Haltestelle: Tartsch, Bus 271, 278, N252

TECHNISCHES MEISTERWERK

63

Bei ihrer Eröffnung 1903 war sie nicht nur die erste elektrische Bahn Tirols, sondern auch die längste und steilste Standseilbahn auf europäischem Festland. 64 Prozent Steigung hält das Abenteuer Mendelbahn noch heute bereit. Verteilt auf 2,37 Kilometer, macht das einen Höhenunterschied von 854 Metern bei zwölf Minuten Fahrzeit.

Seit über 120 Jahren bringt das technische Wunderwerk des Schweizer Ingenieurs Emil Strub nicht nur berühmte Persönlichkeiten wie Kaiserin Sisi, den in Sarajewo ermordeten Thronfolger Erzherzog Franz Ferdinand, Karl May oder Mahatma Gandhi hinauf in die erstrangigen Hotels auf dem Mendelpass. Als beliebtes Ausflugsziel verbindet er das Südtiroler Überetsch mit dem italienischen Nonstal. Im Sommer kann man so der heißen Luft im Talkessel entfliehen und hoch über dem Südtiroler Unterland frische Bergluft atmen.

> An der Talstation startet der 13,2 Kilometer lange Kalterer Höhenweg (440 Hm). Umgehen lässt sich der Anstieg, fährt man mit der Mendelbahn bis zur Mittelstation.

Mit dem aufgezwungenen Anschluss an Italien und dem Siegeszug des Automobils verlor »die Mendel« als mondänes Ziel für Sommerfrischler ihre Bedeutung. Dem Protest der Bevölkerung ist es zu verdanken, dass die Bahn Anfang der 1980er-Jahre nicht eingestellt wurde. Modernisiert, ist sie heute ein klimafreundliches und nachhaltiges alpines Verkehrsmittel.

Ambitionierte Radfahrer wählen aus sportlicher Motivation natürlich die Herausforderung der kurvenreichen Passstraße; wer hingegen eine aussichtsreiche und entspannte Reisevariante sucht, steigt in St. Anton, unweit des Kalterer Sees, in die Mendelbahn. Nach einem einmaligen Fahrerlebnis in der modernen Bahn mit Glaspanoramadach, eröffnet sich auf dem Plateau eine beeindruckende Rundumsicht auf das Überetsch und die dahinter aufragenden Dolomiten. Nicht zuletzt deshalb hat wohl auch die Standseilbahn beste Aussichten, in Zukunft erhalten zu bleiben und noch vielen Gästen einen genussreichen Einstieg in ein wahres Wanderparadies zu ermöglichen.

Mendelbahn · St. Anton 1 · 39052 Kaltern · www.kaltern.com/de/die-mendelbahn-in-kaltern.html · Haltestelle: Kardatsch, Bus 135.4

64 ES SUMMT IM RITTNER BIENENMUSEUM

Bekannte Museen wie das Ötzi-Museum, die Franzensfeste oder das Museion in Bozen gibt es viele. Doch Südtirol besitzt auch einige liebevoll betriebene historische Dorfräumlichkeiten, die diesen Namen verdienen. Beispiel gefällig? Auf dem ältesten Bauernhof der Region erfährt man viel über fleißige Bienchen und die Honiggewinnung.

Wissen Sie eigentlich, dass Bienen Facettenaugen haben, die aus 5000 Einzelaugen bestehen? Dass sie nicht mit Ohren hören, sondern mit ihrem ganzen Körper, da sie den Schall über feine Körperhärchen und Antennen wahrnehmen? Oder dass Bienenköniginnen täglich bis zu 3000 Eier legen, die zusammen ungefähr ihrem eigenen Körpergewicht entsprechen? Das und noch viel mehr erfahren Besucher des Imkereimuseums am Bienenhof »Plattner« in und um den ältesten Bauernhof am Rittner Hochplateau. Seit über 600 Jahren steht der liebevoll restaurierte Bau, in dem Wohntrakt und Wirtschaftsteil vereint sind, in dieser idyllischen Umgebung. Malerisch auf einem Hügel gelegen, fällt sofort das Stroh- und Schindeldach ins Auge. Ein Bienenlehrpfad führt vorbei an einem prächtigen Bauerngarten mit historischen Bienenständen und viel Wissenswertem über die fleißigen Insekten.

Die Anreise erfolgt von Bozen mit der Seilbahn nach Oberbozen und weiter mit der letzten Schmalspurbahn »Rittner Bahnl« fast bis an den Wolfgrubner See.

Seit 1991 sind die renovierten Innenräume des Plattner Hofes mit der Rauchkuchl, einer heimeligen Holzstube sowie dem früheren Gerichtszimmer mit historischen Gegenständen auch multimedial ausgestattet, um in die Welt der Bienen einzutauchen. So lässt sich die Umgebung aus Sicht der Bienen erleben, während man zugleich spannende Details über die Geschichte und Entwicklung der Imkerei erfährt. Auch zeugen zahlreiche Relikte vom Leben und Arbeiten der Bauern in den vergangenen Jahrhunderten. Was in einem Imkermuseum nicht fehlen darf, ist natürlich der Honig. Es ist schon faszinierend, wie vielfältig sich das Naturprodukt verarbeiten lässt.

Imkereimuseum Plattner Bienenhof · Wolfsgruben 15 · 39054 Ritten · März–Okt. täglich 10–18 Uhr · www.museo-plattner.com · Haltestelle: Wolfsgruben, Bus 163, B161

SEPULCRUM
SANCTI
INGENUINI
EPISCOPI

EINBLICKE INS KLOSTER SÄBEN

65

Schwere Mauern, dunkle Gänge, enge Kammern ... eine Welt, die fast 335 Jahre lang nur hinter verschlossenen Türen existierte. Denn bereits seit dem 17. Jahrhundert residierten auf dem Säbener Berg Benediktinerinnen, die dort gefunden haben, wonach sich heute viele Menschen sehnen: Ruhe.

Eingebettet zwischen den Sarntaler Alpen einerseits und den massiven Dolomiten andererseits liegt das mittelalterliche Städtchen Klausen. Ein Spaziergang durch die Altstadt zeigt herrschaftliche Häuser, aufwendig gestaltete Fassaden und Erker und schmale Gassen, deren Namen auf die lange Handwerkertradition im Klausener Wirtschaftsleben deuten. Ein schaumiger Cappuccino auf dem Marktplatz, ein in Klausen gebrautes Bier im traditionellen Gasthaus oder die Pizza aus dem Holzofen laden zum Verweilen ein, bevor der zugegeben steile Aufstieg zum Kloster an der kleinen, versteckt liegenden Steintreppe, dem »Säbener Aufgang« in der Mühlgasse, beginnt.

Jeder Schritt – so viel sei schon verraten – ist die Mühe wert: Vorbei an Burg Branzoll, eröffnet sich einem bald ein einzigartiger Blick über die umliegenden Dörfer des südlichen Eisacktals, der seit jeher namhafte Künstler wie Albrecht Dürer in ihren Bann zog. Der Keschtenweg führt durch ertragreiche Weinberge, am Herrenturm und der Marienkapelle vorbei und hinauf zum ältesten Wallfahrtsort Tirols, der nach ungefähr 45 Minuten erreicht ist.

1681 begannen unter der Regie des Klausener Pfarrers Matthias Jenner die Arbeiten an diesem Bauwerk auf den Ruinen einer mittelalterlichen Burg. Fünf Jahre sollte es dauern, bis das Kloster zum Heiligen Kreuz auf Säben offiziell gegründet wurde und Benediktinerinnen aus Salzburg eingezogen waren. 335 Jahre später kam das Ende; die letzte der insgesamt 550 Nonnen, die jemals auf dem Säbener Berg gelebt hatten, zog ins Kloster Nonnberg in Salzburg. Seither verwaltet die Diözese Bozen-Brixen das offene Kloster, was Gästen eine Besichtigung des Klosterkomplexes und der vier darin befindlichen Kirchen sowie des Jubiläumsbrunnens ermöglicht.

Klausen Information · Marktplatz 1 · Klausen · jeden Mi im Juli, Aug. & Sept. werden kostenlose Stadtführungen angeboten · www.klausen.it · Haltestelle: Bahnhof Klausen

66 AUF DEN WEGEN DER SOMMERFRISCHLER

Bozen, im 12. Jahrhundert gegründet, ist eine der bedeutendsten Städte der Alpen, geprägt von einem Mix aus Sprachen, unterschiedlichen Kulturen und alten Traditionen. Und umgeben von beeindruckenden Gipfeln, grünen Tälern und üppig bewachsenen Weinbergen – nicht nur im Sommer ein Segen, wenn es heiß wird in der Stadt.

Kein Wunder, dass der deutsche Begriff »Sommerfrische« seinen Ursprung tatsächlich im heutigen Südtirol hat: Denn »in die Frisch' gehen« nannte man bereits im 17. Jahrhundert den Brauch der feinen Bozner Gesellschaft, von Juni bis September der Schwüle des Talkessels in die kühleren Bergregionen zu entfliehen. So zog es die wohlhabenden Städter auf den Ritten oder nach Völs am Schlern, um den Sommer mit Kind und Kegel auf einfachen Bauernhöfen zu verbringen.

> Seit 1907 tuckert die historische Rittner Bahn als letzte ihrer Art über das Sonnenplateau und lässt die Belle Époque inmitten der schönsten Bergkulisse erwachen.

War es zu früheren Zeiten mit Kutsche und zu Fuß ein anstrengendes Unterfangen, den halben Hausstand auf den Berg zu bringen, lässt sich der Weg heute in zwölf Minuten mit der Rittner Seilbahn »ergondeln«. Ab hier kann man das Rittner Sonnenplateau bis nach Klobenstein mit der Schmalspurbahn gemütlich erkunden. Der Komfort hat sich verbessert, ein »Place to be« für echte Sommerfrischler ist es geblieben. Angenehme Temperaturen, gemütliche Unterkünfte und jede Menge Ruhe locken nach wie vor viele Einheimische und Gäste auf den Ritten. Wer historischen Spuren folgen möchte, läuft auf dem Sommerfrischeweg vorbei an schmucken Villen von Oberbozen bis nach Maria Himmelfahrt, begleitet von einem lauen Lüftchen, dem Gezwitscher der Vögel und einer regelmäßig bezaubernden Aussicht. Ob ambitioniert oder gemütlich – Wanderwege bietet der prominente Bergrücken hoch über Bozen so einige, und das zu jeder Jahreszeit. Für erholsame Stopps dazwischen sorgen historische Cafés, Restaurants und viele Unterkünfte.

Sommerfrischeweg: Oberbozen bis Maria Himmelfahrt · Ritten · Haltestelle: Oberbozen

ROMANISCHE STIEGEN ZUM HIMMEL

67

Länderübergreifend verbindet die Kulturroute der »Alpinen Straße der Romanik« alte Kulturdenkmäler wie Burgen, Schlösser, Kapellen oder malerische Dörfer aus dieser Zeit von Graubünden bis Südtirol miteinander.

Der Vinschgau samt dem benachbarten Val Müstair im Aostetal ist Heimat einiger der ältesten Kirchen und Fresken Europas. Ganze 31 romanische Kulturstätten lassen sich auf einer Zeitreise zu den Zeugnissen dieser Vergangenheit erleben. Einer Reise, die unweigerlich in unbekannte und versteckte Ecken, aber auch zu Fabelwesen, mystischen Kreaturen und Säulenfressern führt. Denn solche Gestalten hielten in der Romanik Einzug in die Motive kirchlicher Fresken, schließlich bevölkerten diese Unwesen nach damaliger Weltanschauung die Randzonen der flachen Erdscheibe. Sie repräsentieren den Gegensatz zwischen göttlicher Ordnung und Chaos. Ein anderes Symbol für die Kunst der Romanik stellt der Rundbogen dar. So wurden bereits in der altrömischen Architektur keilförmige Steine radial aneinandergesetzt und mit einem Schlussstein am Scheitel stabilisiert, um Brücken zu bauen und so Städte entlang wichtiger Handels- und Pilgerrouten zu verbinden.

Von Müstair in Graubünden über Burgeis, Glurns und Naturns im Vinschgau führt die »Alpine Straße der Romanik« über Hafling und Lana mit einem Abstecher nach Brixen bis nach Eppan, Tramin und Neumarkt ins Südtiroler Unterland. Beeindruckende Orte wie Kloster Marienberg (s. S. 98) liegen ebenso auf der Route wie die Kirche St. Veit auf dem Tartscher Bühel (s. S. 118). Das rätoromanische Kloster St. Johann in Müstair wurde unter den Schutz des UNESCO-Weltkulturerbes gestellt und beeindruckt mit dem größten und besterhaltenen frühmittelalterlichen Freskenzyklus. Eine zweigeschossige Kirche im Marmordorf, die »Sixtinische Kapelle Südtirols«, eine romanische Festung auf einem Felsvorsprung und die Stammburg des Landes Tirol können neben vielen weiteren faszinierenden Bauwerken bestaunt und besichtigt werden, ist man von Nord nach Süd wachen Auges unterwegs.

Alpine Straße der Romanik · Laubeng. 11 · 39020 Glurns · www.stiegenzumhimmel.it/de/alpine-strasse-der-romanik.html

68 DOM IN DEN DOLOMITEN

Alljährlich machen sich zahlreiche Pilger auf den Weg zum Kloster Maria Weissenstein, dem größten und bedeutendsten Kloster Südtirols. Seine Ursprünge gehen auf die Heilung des einst schwer kranken Bauern Leonhard Weissenstein im Jahr 1553 zurück. Dankbar ließ der Genesene eine Kapelle errichten, aus der heute eine Kirche mit wunderschönen Gewölbefresken von Joseph Adam Mölck geworden ist. Patres des Servitenordens bewohnen das malerisch auf dem 1520 Meter hohen Regglberg unterhalb von Petersberg liegende Kloster. Neben einer Stärkung im Gasthaus finden Pilger in der Jugendherberge auch eine Unterkunft. Wahrlich ein Ort der Einkehr und Besinnung.

Maria Weissenstein · Weissenstein 10 · 39050 Petersberg · täglich 7.30–19 Uhr · www.eggental.com/de/eggental/kulturelle-schaetze/maria-weissenstein · Haltestelle: Weissenstein, Bus 142, 181, 184

69 MUSEUM AUF DEM GIPFEL

Glaubt man einer ladinischen Sage, wurde hoch oben auf dem Kronplatz die Fanes-Prinzessin Dolasilla gekrönt. Auf 2275 Metern eröffnet das weite Gipfelplateau eine gigantische Rundumsicht über das UNESCO-Welterbe Dolomiten. Hier wirken die berühmten »bleichen Berge« zum Greifen nah. Ein beeindruckender Ort, um mit dem Messner Mountain Museum »MMM Corones« Südtirols höchstgelegenes Museum nach Entwürfen der Architektin Zaha Hadid in den Berg zu bauen. Drei tunnelartige Röhren ragen bis an die Oberfläche und geben durch riesige Panoramafenster den Blick auf die umgebenden Gipfel frei. Ausgerichtet von Reinhold Messner in alle vier Himmelsrichtungen, setzt das Museum seit 2015 dem traditionellen Alpinismus ein Denkmal.

MMM Corones · Gipfelplateau Kronplatz · Mai–Nov. täglich 10–16 Uhr entsprechend den Seilbahn-Öffnungszeiten · www.messner-mountain-museum.it/de/corones/museum/ · Haltestelle: Gondelbahn Kronplatz

SCHAUKLER IN DER KIRCHE

70

Unweit des östlichen Ortseinganges von Naturns erblickt man, eingebettet in die in der Talsohle vorherrschenden Apfelgärten, ein Kirchlein sui generis. Von außen lässt sich kaum erahnen, welch beeindruckenden Kunstschatz die 1500 Jahre alte St. Prokulus-Kirche verbirgt.

Munter schaukelt er in gut sieben Meter Höhe zwischen angerosteten Stahlrohren als Kunstinstallation am Kreisverkehr kurz vor Naturns, wenn man von Meran kommt. Die Rede ist von einer Freskofigur, die salopp »der Schaukler« genannt wird. Vor 100 Jahren wurde er im gerade mal wohnzimmergroßen Prokulus-Kirchlein mit weiteren einzigartigen Freskenzyklen als Sensationsfund freigelegt.

Zeitlich wie auch künstlerisch ist die Einordnung bis heute ein Rätsel geblieben. Als Datierungssatz geben Wissenschaftler das 8. bis 10. Jahrhundert an. Doch um wen es sich bei diesem wohl nicht humoristisch gemeinten Werk handelt, ist umstritten. Naheliegend wäre Prokulus, der Patron des Kirchleins, der 320 im Amt als vierter Bischof Veronas starb. Gewaltsam aus der Stadt vertrieben, könnte sich die Darstellung auf seine Flucht beziehen.

Die Kirche St. Prokulus ist ein kunsthistorisches Kleinod, das trotz intensiver internationaler Forschungsarbeit seine Geheimnisse nicht umfassend preisgibt. An der berühmten Handelsstraße Via Claudia Augusta gelegen, ist sie das älteste erhaltene Bauwerk der frühchristlichen Epoche im Alpenraum. Auch wenn der Turm mit gekuppelten Rundbogenfenstern romanisch wirkt, wurde er erst 1180 mit seinem gemauerten Spitzhelm hinzugefügt.

Von außen ebenso unscheinbar ist der 2006 gegenüber der Kirche unterirdisch angelegte Museumsparcours. Durch vier Raum-Zeit-Stationen werden Besucher – über Funde, Bilder und Karten, aber auch filmisch – durch Spätantike, Früh- und Spätmittelalter bis in den 30-jährigen Krieg geführt – Epochen, die das kleine Kirchlein, dessen abgenommene gotische Fresken hier sichtbar sind, beeinflussten.

St. Prokulus Kirche und Museum · Sankt Prokulus-Str. 1a · 39025 Naturns · www.prokulus.org · Haltestelle: Rathaus, Bus 261, 266, B250, N251

11 STEINERNER GLÜCKSFALL

Seelenruhig steht es dort, hoch oben auf einem riesigen Felsen, ein Relikt aus einer längst vergangenen Zeit - und das ist es wohl auch. Bis zur schicksalshaften Herbstnacht im Jahr 1882 war das Häuserl am Stoan nicht allein, sondern umgeben von anderen Bauernhäusern auf einer Wiese am Badlweg in St. Pankraz im Ultental.

Ein schweres Unwetter fegte durch das friedliche Ultental und ließ den sonst so ruhigen Falschauer Bach zu einem tosenden Gebirgsbach anschwellen, der alles mit sich riss. Von den saftigen Wiesen und hübschen Bauernhäusern ließen die Naturgewalten nichts zurück, das gesamte Tal wurde verwüstet.

> Ab dem Zoggler Stausee verläuft der landschaftlich und kulturell attraktive Ultner Höfeweg, auf dem man eine Pause an den Ultner Urlärchen einlegen kann.

Einzig das »Häuserl am Stoan« stand am nächsten Morgen immer noch da. Zufällig auf einem steinernen Sockel erbaut, thront es seither auf dem freigespülten Felsen, dessen Ausmaße erst jetzt so richtig zur Geltung kommen. Nicht einmal die Besitzer des kleinen Häuschens wussten, was die Flut zum Vorschein bringen würde. Was als kleines Wunder bezeichnet wurde, ist heute eines der außergewöhnlichsten noch bewohnten Bauwerke Südtirols und ein echter Kulturschatz. Wie ein Adlernest scheint das gesamte Holzhaus auf dem riesigen Felsen zu sitzen, der größer wirkt als sein Aufbau.

Etwas versteckt zwischen Bäumen und Wiesen im Talboden von Bad Lad in St. Pankraz gelegen, ist es über einen gemütlichen Spazierweg gut zu erreichen, allerdings kann man das standhafte Häuschen nur von außen bewundern, eine Besichtigung ist nicht möglich.

Übrigens: Die Falschauer ist auch heute noch ein wilder Gebirgsbach, wenn auch gut verbaut und inzwischen durch den Zoggler Stausee gezähmt. Hier an diesem Kuriosum scheint die Zeit still zu stehen, während beeindruckende Naturgewalten deutlich werden.

Häuserl am Stoan · 39010 St. Pankraz ·
Haltestelle: Bad Lad, Bus 244, 245, N245

WIE IM SCHLARAFFENLAND

72

Esskultur im Herbst hat in Südtirol einen Namen: Törggelen. Scharf kitzelt der Meerrettich in der Nase, der zarte Speck schmilzt leicht auf der Zunge, das Schüttelbrot kracht zwischen den Zähnen - und zur Abrundung gibt es jungen Südtiroler Wein und geröstete Kastanien.

Seit Jahrhunderten wird die Tradition in den Südtiroler Weinregionen vom Eisacktal bis zum Meraner Land zelebriert – ursprünglich als Dank für die vielen fleißigen Hände gedacht, die im Herbst nötig waren, um die Ernte einzubringen. Nach getaner Arbeit wurden alle Mitarbeiter eingeladen, den neuen Wein zu verkosten und gemeinsam zu feiern. Zum frischen Most, dem »Suser«, »Siaßer« oder »Nuien« wurden deftige Gerichte serviert: Knödel, Gerstensuppe, Kraut, Speck und würziger Almkäse sowie Krapfen als Süßspeise. Zum Schluss kamen gebratene Kastanien mit Butter auf den Tisch. Je größer die Runde, desto lustiger der Abend. Das gilt auch noch heute, denn Törggelen lässt sich mittlerweile ganz einfach als »gelebter Brauch mit Genussgarantie« übersetzen.

> Suchen Sie nach außergewöhnlichen Törggelen-Erlebnisse? Fragen Sie am besten an der Tourismus-Information Ihrer Gemeinde nach.

Großartig verändert hat sich der Brauch im Laufe der Zeit nicht. Heute sind es nicht mehr die Erntehelfer, die nach einem ausgedehnten Spaziergang oder einer Wanderung zum »Törggelen« in den Südtiroler Buschenschanken vorbeischauen. Jeder ist willkommen, gemeinsam mit Freunden den Tag mit bäuerlicher Hausmannskost ausklingen zu lassen. Im Sinne alter Traditionen bilden Südtiroler Speck, knackige Kaminwurzen und Schüttelbrot eine Ergänzung zu den landestypischen Gerichten. Die Genusswochen in der Bergwelt beginnen Ende September und ziehen sich bis in den November hin, wenn der erste Schnee auf den Berggipfeln den Winter ankündigt.

Viele unterschiedliche Veranstaltungen wie Weingutführungen oder gemeinsame Spaziergänge haben sich an diesen ganz besonderen Gaumenschmaus angeschlossen und lohnen unbedingt Beachtung.

Genusszeit Törggelen · Tipps, Informationen und Adressen sind u. a. unter www.suedtirol.info abrufbar

13 SCHAURIG-SCHÖNE SCHLOSSMOMENTE

Eine der schönsten Renaissanceanlagen Südtirols liegt auf dem Weg ins Schlerngebiet kurz vor Völs. Hier findet im Frühjahr das größte Reitevent Südtirols statt, das einem seiner ehemaligen Besitzer gewidmet ist. Ganzjährig kann man sich hingegen auf die Suche nach dem Drachenrubin machen.

Castrum Presile unter diesem Namen wird die mittelalterliche Burg und Wehranlage erstmals im Jahr 1279 als Rückzugsort für ihre Erbauer, die Herren von Völs, Ministerialen der Brixener Bischöfe, urkundlich erwähnt. Deutlich prachtvollere Züge nahm Schloss Prösels um 1500 an, als der Landeshauptmann an der Etsch und Burggraf von Tirol, Leonhard von Völs, einer der mächtigsten Männer Tirols, ausgiebige Aus- und Umbaumaßnahmen tätigte. Auf seine leidenschaftliche Bautätigkeit weisen auch die Völser Pfarrkirche, etliche Filialkirchen und der Völser Weiher hin. 14-mal wechselte das Schloss ab 1804 den Besitzer, bis es 1981 das »Kuratorium Schloss Prösels« übernahm und von Grund auf sanierte. Seither ist die Anlage für die Öffentlichkeit zugänglich und bietet neben Führungen ein reichhaltiges kulturelles Veranstaltungsprogramm, als jährlichen Höhepunkt im Spätfrühling etwa einen Teil des Oswald-von-Wolkenstein-Ritts.

> Wunderbar lässt sich ein Schlossbesuch mit einer genussvollen Wanderung über den zehn Kilometer langen Oachner Höfeweg verbinden.

Verwinkelte Ecken, spannende Aus- und historische Einblicke können bereits im Außenbereich der Burg erkundet werden. Ausstellungen wie die Waffensammlung im Pfeilersaal, das Kaminzimmer oder die Bildergalerie, die von namhaften Künstlern mit Werken bestückt wurde, sind nur im Rahmen einer Führung zugänglich. Ob die Jagd nach dem Drachenrubin gelingt, ist darüber hinaus die spannende Herausforderung rund um die zu lösenden Rätsel im Outdoor-Escape. Taktik, Beobachtungsgabe, Kombinieren und vor allem Teamgeist sind hier gefragt.

Schloss Prösels · Prösler Str. 2 · 39050 Völs am Schlern · Anfang Mai bis Ende Okt. täglich außer Sa · www.schloss-proesels.seiseralm.it · Haltestelle: Prösels, Schloss, Bus 176

CAFETERIA
VINOTHEK
TICKET

GÄRTEN DER SUPERLATIVE

74

Manchmal braucht das Leben einfach eine Extraportion an Besonderheiten, Farbenreichtum und Glücksmomenten. Eine der schönsten Gartenwelten Italiens bietet zu jeder Jahreszeit reichlich von allem – faszinierend und geschmackvoll anders.

Vorbei an geschichtsträchtigen Schlössern (heute meist in Privatbesitz) wandelt man auf kaiserlichen Spuren hinaus aus der Stadt, über den Steinernen Steg entlang des Brunnenplatzes bis in die blühende Gartenwelt von Schloss Trauttmansdorff und seine bewegte (Tourismus-)Geschichte – auf dem Sisi-Weg. Am sonnenverwöhnten Hang oberhalb Merans erstreckt sich seit 2001 eine traumhafter Anlage, die zu den schönsten Gärten Italiens zählt. Nur Italiens? Über 80 verschieden Landschaftsbilder mit Pflanzen aus aller Welt gruppieren sich um das Schloss. Im Jahr 1850 ließ Graf Trauttmansdorff es aus mittelalterlichen Ruinen wiedererstehen. Was früher der österreichischen Kaiserin zweimal als Wintersitz diente, beherbergt heute das Südtiroler Landesmuseum für Tourismus.

Seit Generationen beschreiben Dichter und Songwriter die Kraft des Gartens als Ort der Regeneration und Rückkehr zum Wesentlichen. Als Ort der Kreativität und Stärke. Auf über zwölf Hektar rund um das Schloss gedeihen Kulturpflanzen aus dem Mittelmeerraum wie Oliven, Zitronen, Lavendel und Wein. Wasser- und Terrassengärten, verschlungene Wege und kleine Treppen führen durch Kastanienhaine und Rosengärten zu einem Japanischen Garten, in dem freche Koi-Karpfen ihre hungrigen Mäuler in den Himmel recken.

Die Gärten sind ein einzigartiger, sich ständig verändernder Kosmos, der dank geschickter Gärtnerhände im Wechselspiel der Jahreszeiten und Tagesabläufe wächst und gedeiht. Der Faszination dieser Anlage erliegt jeder, der sich auf europäische Gartenkunst einlässt. Also nichts wie hinein in den Garten für Verliebte und hinauf auf den Matteo Thun'schen Gucker, eine spektakuläre Plattform, von der aus man eine atemberaubende Aussicht genießt.

Schloss Trauttmansdorff · St.-Valentin-Str. 51 A · 39012 Meran · April bis 15. Okt. 9–19, 16.–31. Okt. 9–18, 1.–15. Nov. 9–17 Uhr · www.trauttmansdorff.it · Haltestelle: Trauttmansdorff, Bus 1B; Obermais, Bus 4

15 KUNST UND NATUR AM BERG

Ein gigantisches Erlebnisreich für die unterschiedlichsten Bedürfnisse und Interessen bietet das Dolomiten-Welterbe Latemar. Neben der beeindruckenden Natur des Latemar-Gebirgsstocks findet sich hier mit RespirArt auch der höchste Kunstpark der Welt.

Das »Eggentaler Bergkino« vereint sechs Aussichtspunkte entlang der Wanderwege, die mit Sitzplätzen und hölzernen Leinwandrahmen besondere Naturbilder in den Blick nehmen.

Wie wäre es zunächst mit einer süßen Hüttentour? Pro Nachspeise gibt es einen Stempel, ab drei Stempeln eine Überraschung. Den Anfang könnte ein Frühstück in der stylischen Berghütte Oberholz an der Bergstation machen. Mit ihrer sonnigen 360-Grad-Terrasse fügt sie sich perfekt in die Landschaft ein. Von außen soll sie optisch einen liegenden Baum darstellen, der mit seinen Verästelungen kontinuierlich aus dem Hang herauswächst. Die zeitgenössische Architektur – viel Glas und Holz – stellt mit großen Panoramafenstern die Bergwelt in den Mittelpunkt.

Im Latemar hat der Besucher die Qual der Wahl zwischen verschiedene Themenwegen, vom Latemar.Natura über den Latemar.Relax bis hin zum Latemar.Art, zahlreichen Spielattraktionen oder mit Respirart einem der größten Kunstparks der Welt. Auf 2000 Meter Höhe haben internationale zeitgenössische Künstler mit ihren Installationen und Naturskulpturen eine der höchst gelegenen Ausstellungsstätten der Welt erschaffen.

Darüber hinaus ist auch das Abenteuer-Angebot für Kinder riesig – von kniffligen Rätseln bis hin zu aufregenden Hörspielwanderungen. Abseits der Themenwege hat Sturm Vaia 2018 rund um den Golfrion-Berg alle Bäume entwurzelt und so den Ort für einen Mindful.Latemar-Achtsamkeitspfad geschaffen, auf dem sich 18 Mindfulness-Übungen erwandern lassen. Und sportlich Ambitionierte gelangen auf mittelschweren, gut gesicherten Bergtouren hinauf in bizarre Felswelten mit Ausblick auf die Marmolata, den höchsten Berg der Dolomiten.

Latemarium · Obereggen 16 · 39050 Deutschnofen · www.latemarium.com, www.obereggen.com · Haltestelle: Obereggen, Bus 184, kostenlose Busnutzung mit dem Guest Pass

HEUTE WILL ICH RAUS!

GLETSCHERGESCHICHTEN ALS WEGWEISER

76

Ein faszinierendes Farbenspiel bietet am Ende des Antholzer Tals zu jeder Jahreszeit der gleichnamige See. Umgeben von der 3000 Meter hohen, teils vergletscherten Gebirgswelt der Riesenfernergruppe, lassen sich ganz besondere (Licht-)Momente im »Blauen Tal« erleben.

Ruhig spiegeln sich die hohen Berge des umliegenden Naturparks in den schillernden Farbnuancen von Türkis bis Perlwasserblau des Wassers. Im Sommer lädt die einzigartige Landschaft des Antholzer Tals, eines Seitenarms des Pustertals, Gäste zum Wandern, Biken oder einem Sprung in den kühlen See ein. Die vollkommene Ruhe macht die Region zu einem Rückzugsort, an dem das Auto getrost zu Hause gelassen werden kann. Bereits Erich Kästner, der deutsche Schriftsteller, sagte: »An allem Unfug, der passiert, sind nicht etwa nur die schuld, die ihn tun, sondern auch die, die ihn nicht verhindern.« Ob er dabei wohl damals auch schon an unsere fragile Natur dachte?

> Ein Ausflug zum Biotop Rasner Möser in Oberrasen, einem idyllischen Sumpfgebiet, lässt sich gut mit einem Besuch auf dem Spielplatz »Wasserwaldile« verbinden.

Wasser ist das dominierende Element des Tals. Wasser, das im Winter die Region unter einer dicken weißen Decke verhüllt und in der Wandersaison für Abkühlung am Wasserfall oder See sorgt. Auch die sogenannten »Icelights« – wegweisende Lichtpunkte im Antholzer Tal – haben etwas mit diesem lebenswichtigen Element zu tun. Skulpturen in Form von Gletscherblöcken machen auf die schwindenden Eismassen, die massiv rückläufige Vergletscherung und das Tauen des Permafrostes aufmerksam. Eine Kombination aus mystischer Lichtquelle und eisähnlichem Glas, verschmolzen zu imposanten, kristallin anmutenden Gebilden, die an Gletschereis erinnern, sollen die Geschichten der schwindenden Gletscher erzählen und zum Nachdenken anregen. Aufgrund des Klimawandels und der damit zusammenhängenden Erderwärmung ist auch die Riesenfernergruppe, Südtirols größtes zusammenhängendes Gletschergebiet, vom Wandel der Zeit bedroht.

Icelights · Antholzertal · www.antholzertal.com · Haltestelle: Antholzer See

11 SÜDTIROLS ÄLTESTER WEINLEHRPFAD!

Er führt von Kurtatsch über Margreid bis nach Kurtinig: der Weinlehrpfad. Acht Kilometer entlang historischer Feldwege und durch geschlossene Rebenlandschaften auf den Spuren uralter Weinbaugeschichte, auf denen man mehr über das Rebenleben erfährt.

Folge der »Saltner Pratze«, einem Wegweiser über den Weinlehrpfad! Die hölzerne Hand war früher das Symbol des »Saltners«, also des Weinbergwächters, das er zum Zeichen seiner Anwesenheit an den Feldwegen anbrachte. Seine Aufgabe war es, den Weinberg und die Ernte der Bauern Tag und Nacht vor Tieren und Dieben zu schützen.

Im Kurtatscher Museum »Zeitreise Mensch« ist die Geschichte und Entwicklung des Weinbaus ausführlich beschrieben (Führung freitags 10 Uhr).

Den Einstieg zum Lehrpfad findet man im Ortszentrum von Kurtatsch an einer unübersehbar mannshohen Traube aus vom Gletscher geschliffenen Bachsteinen. Vier Kilometer führt der Weg durch eine geschlossene Rebenlandschaft, in der man sowohl fast alle der hier angebauten Rebsorten als auch unterschiedliche Erziehungsformen, etwa die für Südtirol typische Pergel, aber auch die andernorts weiter verbreiteten Spaliersysteme sehen kann. Schautafeln ergänzen das Naturerlebnis und erklären die landschaftlichen Besonderheiten und Eigenschaften der einzelnen Rebsorten. Aus tönernen Amphoren kann man die typischen Duftnoten der verschiedenen Weine erschnuppern und mit den Weggefährten vielleicht sogar um die Wette raten, um welchen Wein es sich handelt. Während man Richtung Margreid und weiter bis nach Kurtinig wandert, erfährt man so viel Wissenswertes über den Weinbau.

Dreimal wöchentlich laden Winzer außerdem zu einer Weinsinneswanderung über den Lehrpfad ein. Mit viel Fachwissen und Leidenschaft wird erklärt, welche Arbeit der Winzer das gesamte Jahr hindurch verrichtet, bevor die edlen Tropfen in den Kellern heranreifen können. Eine Weinverkostung bei renommierten Kellereien darf natürlich bei keiner Weinwanderung fehlen.

Tourismusverein Südtiroler Unterland · Hauptmann Schweiggl Platz 8 · 39040 Kurtatsch an der Weinstraße · www.suedtiroler-unterland.it · Haltestelle: Rathaus, Bus 125

Weinlehrpfad

WEGE IN DIE RASTENBACHKLAMM

78

Den wohl schönsten Blick auf den Kalterer See hat man von hoch oben, wenn man auf der Aussichtsplattform über der Rastenbachklamm steht – ein schönes Ausflugsziel zum Energietanken, Entspannen und Abschalten.

Rein in das passende Schuhwerk, und schon geht es raus in die grüne Natur. Wiesen, Wälder, Weinberge, Obstplantagen, mystische Regionen und ruhigere Gefilde … Südtirol ist reich an vielfältigen Naturjuwelen. Ein solches ist die beeindruckende Schlucht, die der Rastenbach tief ins Porphygestein gegraben hat. Ein wildromantisches, geschütztes Biotop zwischen mächtigen Felsen. Über Brücken, steile Stiegen und moosige Holzbalken geht es vorbei an rauschenden Wasserfällen, über gurgelnde Bäche durch Schatten spendenden Wald – ein wahres Abenteuer inmitten kühler Schluchtvegetation, die den Weg durch die Klamm an einigen Stellen rutschig macht. Festes Schuhwerk ist daher auch im Hochsommer ein Muss!

Wem der Weg durch die beeindruckende Rastenbachklamm zu abenteuerlich scheint, der kann einen besinnlicheren Zugang über den Friedensweg wählen. Im Zentrum von Kaltern, am Rottenburgergplatz, beginnt die fast zwölf Kilometer lange Strecke durch die Kulturlandschaft der Überetsch und hinein ins Kardatschertal, bis nach 300 Höhenmetern durch waldige Klamm der spektakuläre Aussichtspunkt Altenburg auf den Kalterer See erreicht ist.

Die Begriffe »Maß«, »Klugheit«, »Gerechtigkeit«, »Glaube« und »Hoffnung« wurden unter Mitwirkung internationaler Künstler in Form von Besinnungspunkten auf unterschiedliche Weisen in die Landschaft integriert. »Mut« erprobt man beim Gang durch die Rastenbachklamm, und die »Liebe« findet sich in Form der frühchristlichen Basilikaruine St. Peter in Altenburg, der wohl ältesten Kirche der Umgebung, dargestellt. Damit entstand zwischen 1995 und 2000 in kirchlicher und weltlicher Zusammenarbeit ein Weg der Besinnung, der leicht zu erwandern und dank der guten Beschilderung mit den Wegweisern »Friedensweg« auch einfach zu finden ist.

Friedensweg Kaltern · Altenburger · 39052 Kaltern · www.kaltern.com · Haltestelle: Sportzone St. Anton, Bus 135.5

79 GESUNDHEIT ATMEN FÜR NATURGENIESSER

Gewaltig und faszinierend zugleich stürzt das Wasser gut 97 Meter in die Tiefe. In die aufsteigende Gischt zaubert die Sonne kleine Regenbogen. Einatmen … ausatmen … die Kraft der Natur spüren … Hier, am Partschinser Wasserfall, trifft Gesundheit auf Genuss.

Einfach mal das Tempo rausnehmen. Momente äußerer Stille und innerer Ruhe sind ohnehin purer Luxus. Abschalten und endlich Zeit haben – ohne Hektik und Lärm. Wo geht das besser als mitten in der Natur, in der alle Sinne spür- und erlebbar werden? Zum Beispiel am rauschenden Partschinser Wasserfall.

> Kehren Sie im Gasthaus Wasserfall ein – die selbst gebackenen Torten und Kuchen sind echte Highlights. Hofeigene Produkte gibt es im Selbstbedienungsverkauf.

Besonders im Sommer wirken die hohe Luftfeuchtigkeit und die Verdunstungskälte erfrischend wohltuend. Gesundheitsfördernd ist dabei vor allem die hohe Konzentration an aktiven Sauerstoff-Ionen. In unseren Wohnungen liegt sie durchschnittlich bei 100 Ionen pro Kubikzentimeter, in der Stadtluft bei 200, im Gebirge und am Meer bei 5000 – und am Wasserfall wie hier kann sie sogar auf einen Wert von über 50.000 hochschnellen! Sauerstoff-Ionen binden Feinstaub und Abgase, stimulieren das Immunsystem, reinigen die Atemschleimhäute, beruhigen das vegetative Nervensystem und den Kreislauf und wirken allgemein vitalisierend. Da sie auch den Gasaustausch in der Lunge erleichtern, wird die »Wasserfallkur« nicht zuletzt Allergikern und Asthmatikern empfohlen.

Atemberaubende Ausblicke gibt es natürlich ebenfalls, auch gemütliche Sitzgelegenheiten, smaragdgrüne Gumpen und kleine Wasserfälle, die sich auf dem neu gestalteten Alpinsteig am Partschinser Wasserfall erkunden lassen. Auf einer Strecke von etwa drei Kilometern ist Trittsicherheit und Schwindelfreiheit vonnöten. Diese Tour ist nur eine von unzähligen Wanderungen, Waal- und Panoramawegen, die die Region rund um Partschins zu einem echten Eldorado für Naturliebhaber macht.

Partschinser Wasserfall · Wasserfallweg · 39020 Partschins · Haltestelle: Partschinser Wasserfall, Bus 265

WASSER - WANDERN - WAALWEG

80

Bis tief in den bunten Herbst hinein bieten die Südtiroler Waalwege stimmungsvolle Genusstouren mit herrlichen Ausblicken auf die Südtiroler Bergwelt und über das Etschtal, aber auch spannenden Einblicken in die abwechslungsreiche Kulturlandschaft des Vinschgaus.

Der Vinschgau und das Meraner Land sind zwar sonnenverwöhnt, doch gleichzeitig besonders niederschlagsarm. Künstlich wurde deshalb bereits im 13. Jahrhundert ein perfekt ausgeklügeltes Wegenetz erschaffen, um die Bewässerung sicherzustellen. Aus dem lateinischen *aqualis* für »Wasserlauf« entstand im Laufe der Zeit der Begriff Waal – ein System, um die kostbare Ressource Wasser fair an die Orte zu verteilen, wo sie gebraucht werden.

Perfekt für eine Pause eignet sich die urige Burgschänke mit gemütlich mittelalterlichem Flair am Fuße der Churburg.

Noch heute dienen die Waale in Teilen Südtirols der Bewässerung von Obstplantagen, Weinbergen, Kastanienhainen und Wiesen auf dem Talboden. Was früher als Weg für das Wartungspersonal angelegt wurde, mausert sich dank Restaurierung zusehends zu einem erhaltenswerten Südtiroler Kulturgut. Schmale, logischerweise mit sehr moderatem Gefälle verlaufende Wege direkt am Wasser zählen zu den stimmungsvollsten Wanderwegen in Südtirol, besonders wenn sich im Frühling die Apfelwiesen in ein duftendes weiß-rosa Blütenmeer verwandelt oder das Schattenspiel der bunt gefärbten Blätter im Herbst ein magisches Licht zaubert.

Beginnend an der beeindruckenden Churburg in Schluderns, startet die sieben Kilometer lange Runde über den Leiten- und Berkwaal. Steil aufragende Waldberghänge entlang der Schlucht des Saldurbachs begleiten die teils steinerne, teils hölzerne Rinne. Mystisch malt die Sonne ihre Schatten auf den weichen Waldboden.

Einen Abstecher in die Churburg sollte man bei dieser Tour unbedingt auch einplanen. Dort warten die weltweit größte Rüstkammer, kostbare Wandmalereien und eine märchenhafte Renaissancearchitektur auf Besucher.

Berkwaal bei Chur/Castello Coire · Churburgg. 13 · 39020 Schluderns · Wegverlauf Schluderns–Vernalhof–Schluderns · Di–So 10–12 & 14–16 Uhr · Haltestelle: Schluderns-Glurns, Zug 250

81 GRANATENSTARKES STRECKENFEELING!

Seit 1968 ist Fahrspaß ein Zahlenspiel. Auf Serpentinen geht es über 30 Kehren zwischen dem Ötz- und dem Passeiertal himmelwärts. Ungebremst, denn auf italienischer Seite ist der Pass für Lkw gesperrt. Doch anhalten sollte man auf der Passstrecke, die jeder einmal im Leben gefahren sein sollte, trotzdem unbedingt.

Die »Freude am Fahren« spielt eine eher sekundäre Rolle, wenn sich die Straße auf 23 Kilometern durch den ein oder anderen Tunnel und über 1400 Höhenmeter hinauf zum Pass schlängelt. Wir befinden uns auf der Timmelsjoch Hochalpenstraße, der tiefsten unvergletscherten Kerbe im Alpenhauptkamm. Erste urkundliche Erwähnungen bestätigen bereits uralten Pfaden einen regen Austausch zwischen Nord und Süd. Im Laufe der Jahre wurden die Wege der wichtigen Handelsstraße breiter, bis sich in den 1950er-Jahren der Ötztaler Tourismuspionier Angelus Scheiber ganz dem Bau der Timmelsjoch Hochalpenstraße verschrieben hat.

> Im letzten Südtiroler Ort des Passeiertals, Moos, sollte man dem Bunker Mooseum, einer Anlage des Alpenwalls mit Steinböcken, einen Besuch abstatten.

Gut 50 Jahre nach Eröffnung der anspruchsvollen Strecke wurde mit fünf Architekturskulpturen des Südtiroler Architekten Werner Tscholl eine Erlebnisstraße kreiert. Gekonnt und mit spannenden Informationen untermauert, wird die grandiose Landschaft durch diese Kunstobjekte wirkungsvoll in Szene gesetzt. Von roten Granatformationen über den Schmuggler bis hinauf zum Top Mountain Crosspoint mit Café und Motorradmuseum, hinter jeder Kurve wartet ein weiteres Feuerwerk für die Sinne. Den wahrscheinlich faszinierendsten Blick bieten zwei riesige, wie Fernrohre anmutende Gebilde.

Ganz in der Nähe heißt es auf dem Oberplanegg-Parkplatz, das Gefährt abstellen. Auf einer landschaftlich kaum zu überbietenden Tour führt eine acht Kilometer lange und mit 280 Höhenmetern relativ einfache Wanderung über eine Einkehr in der Oberplaneggalm zum idyllischen Seeber See.

Timmelsjoch Hochalpenstraße · je nach Schneelage vom Spätherbst bis zur Schneeschmelze geschlossen, sonst 7–20 Uhr · Maut Pkw hin & retour 24 € · www.timmelsjoch.com

IM SÜDLICHSTEN SÜDEN SÜDTIROLS

82

68 Meter stürzt sich der Titschenbach tosend über die senkrechten Felswände direkt am Ortsende der südlichsten Gemeinde Südtirols in die Tiefe. Und inmitten von Obstgärten und Weinhängen, am Fuße der wildromantischen Haderburg, liegt Salurn.

An der deutsch-italienischen Sprachgrenze, ganz im südlichsten Zipfel Südtirols, liegt die Salurner Klause: prächtige alte Ansitze, umgeben vom größten Weißweinanbaugebiet, aber auch Rotweinsorten wie der Blauburgunder gedeihen hier. Guter Wein und gutes Essen gehören zusammen und machen Salurn zu einem beliebten Ziel für unbeschwerte Tage zwischen Südtiroler Bodenständigkeit und mediterraner Leichtigkeit.

> Pause gefällig? Dann lohnt ein Besuch im Amalia Pertner 1896 – einem Café Restaurant inmitten einer traditionellen Lederhosen-Manufaktur.

Steil thront die sagenumwobene Harderburg als Wahrzeichen hoch über dem Dorf auf einem steilen Felsen. Ihre Ursprünge reichen bis ins 11. Jahrhundert zurück. Nach einer abwechslungsreichen Geschichte, die auch in die Märchenerzählung »Der alte Weinkeller bei Salurn« der Brüder Grimm Eingang gefunden hat, ist sie nun, nach einer umfangreichen Sanierung, für Besucher zugänglich. Über den »Weg der Visionen« geht es 20 Minuten recht steil hinauf. Die Aussicht, eine spannende Führung und das Ritteressen (ab einer gewissen Teilnehmerzahl) in der Haderburgschänke lohnen die Anstrengung definitiv.

Den heutigen Namen verdankt das kleine Örtchen dem Wasserfall, der sich allerdings nur bei Regen »zeigt«. Genau dort, wo der Titschenbach von der Klippe stürzt, holten die vorgeschichtlichen Bewohner Wasser und leiteten es in Kanäle, um das alltägliche Leben zu gestalten. Bereits 1288 wurde dieser Platz als »Tütsche« erwähnt, aus dem der lateinische Begriff *ductia* abgeleitet wurde, der wie das frühzeitliche *sala* eine Wasserleitung bezeichnete. Salurn, das »Dorf auf der Tütsche«, entstand dank solcher Wasserläufe.

Titschenbach-Wasserfall Salurn · Wasserfallstr. 27 · 39040 Salurn · Haltestelle: Loretoplatz, Bus 121, 127

83 SCHWEBEND ÜBER DEN DOLOMITEN

Sanft und ganz leise hebt er ab. Einzig das Fauchen des Gasbrenners stört die himmlische Ruhe. Majestätisch gleitet der tief dunkelblaue Ballon im weiß-blauen Luftmeer über dem Hochpustertal. Fliegen, ein wahr gewordener Menschheitstraum!

Obwohl: Heißluftballone fliegen nicht, sie fahren. Die Erklärung dafür ist physikalisch begründet: Die heiße Ballonhülle ist leichter als die Luft außerhalb. Nur Luftfahrzeuge, die schwerer als Luft sind, können fliegen und lassen sich steuern. Fast lautlos gleitet der Heißluftballon durch die Lüfte. Es sind die atemberaubenden Ausblicke und das berauschende Gefühl, über einer Spielzeugwelt zu schweben. So liegen die malerischen Dolomiten zu Füßen aller, die in dem geflochtenen Korb stehen. Der Weitblick und das Gefühl von grenzenloser Freiheit sind faszinierend. Man versteht sofort, warum eine Fahrt im Ballon seit jeher die Menschen begeistert hat.

Auch wenn die ersten Himmelslaternen bereits im 2. und 3. Jahrhundert in China mittels Kerzen in den Himmel stiegen, bis zur ersten bemannten Ballonfahrt dauerte es noch bis zum 21. November 1783. Dank des von den Gebrüdern Montgolfier entwickelten Ballons überquerten der französische Physiker Jean-François Pilâtre de Rozier und François Laurent, Marquis d'Arlandes, auf ihrer acht Kilometer langen Fahrt das Schloss Versailles.

Doch auch ohne Schloss ist der Blick aus der Vogelperspektive zu jeder Jahreszeit ein einzigartiges Erlebnis. Ruhig und klar glitzert das leicht Bläuliche des Schnees im unaufdringlichen Winter-Wonderland. Auch der besondere Zauber des zarten Grüns im erwachenden Frühling oder Sommer bringt einen ins Schwärmen, bevor der Herbst wahre Farbexplosionen in erdigen Tönen bereithält. Wer das Dolomiti Balloonfestival als Zeitpunkt nutzt, dem sind weiß verschneite Dolomitengipfel sicher.

Wohin die Fahrt geht, entscheidet übrigens ganz allein der Wind. Die Dauer sowie die grobe Richtung hängen vom Startplatz und der Thermik ab. Und: Selbst im Winter muss niemand frieren – der Brenner sorgt für Wärme.

Dolomiti Balloonfestival Ballontreff · Pustertalerstr. 15 · 39034 Toblach · www.balloonfestival.it

ALPINGARTEN
HIRZER

GARTEN AUF 2000 METERN

84

Wanderwege von Alm zu Alm, und das von einfach bis hochalpin, locken viele Besucher auf das Hirzer Hochplateau. Im Alpingarten, der liebevoll am Berggasthof Klammeben angelegt wurde, blüht je nach Jahreszeit eine Vielzahl alpiner Pflanzen und Gewächse, deren Namen auf den Schildern zu lesen sind. Der gezielte Anbau der Pflanzen in dieser Höhe sorgt für den Erhalt bergaffiner Flora und Fauna und damit der Biodiversität. Der Besuch des Alpingartens ist kostenlos.

Übrigens: Mit 2781 Metern ist der Hirzer der höchste Gipfel der Sarntaler Alpen – doch das ist kein Grund für einen Schweißausbruch: Die Hirzer Bahn vereinfacht nämlich den Aufstieg in dieses sonnenreiche Wanderparadies, das genussvollen Erlebnissen kaum Grenzen setzt.

Alpingarten · Bergstation der Hirzer Seilbahn · Talstation Passeierstr. 2 · 39010 Saltaus/St. Martin · www.hirzer.info

LANDSCHAFT WIE IM BILDERBUCH

85

Ganz am Ende des Valser Tals liegt, eingebettet in spektakulärer Bergkulisse, ein märchenhaftes Almdorf. Sogar Murmeltiere haben hier ein Parlament – zumindest trägt die Formation aus Felsquadern, die sich treppenförmig an den Hang schmiegt, diesen Namen. Ein wahres Kleinod auf 1730 Metern über dem Meer ist die Fane Alm, ein kleines Almdorf mit einer 1898 erbauten Bergkapelle und mehreren bewirtschafteten Hütten in traditioneller Holzbauweise und mit historischen Schindeldächern. Gemütlich grasende Rindviecher machen die Bilderbuchregion, umgeben von den Pfunderer Bergen, zu Südtirols schönstem Almdorf. Und natürlich wartet nach einer der vielen traumhaften Genusswanderungen ein köstliches Knödel-Tris auf der Alm.

Fane Alm · 39037 Mühlbach · www.gitschberg-jochtal.com/ferienorte/vals/fane-alm · Mit dem Auto: Juni–Sept. 9–17 Uhr, Shuttlebus ab Parkplatz Berg am Boden · Zu Fuß: über den Milchsteig von und nach Vals

86 VOM HEXENMEISTER UND ZWERGENKÖNIG

Sagenhaft – im wahrsten Sinne des Wortes – schimmern die Farben des Regenbogens. Das Blau des Himmels spiegelt sich um die Wette mit der einmaligen Bergwelt von Rosengarten und Latemar im klaren Wasser des Karer Sees.

Die »Perle der Dolomiten«, der Karer See, verdankt sein einzigartiges Farbenspiel wohl einem liebeskranken Hexenmeister. Der nämlich hatte für eine hübsche Nixe einen Juwelen-Regenbogen ans Firmament gezaubert. Aus Wut über ihr Abtauchen zerschmetterte er aber sein Kunstwerk und warf es ihr hinterher. Noch heute heißt der Karer See auf ladininsch Lec de ergobando – »Regenbogensee«. Gespeist von unterirdischen Quellen, liegt der 300 Meter lange, 140 Meter breite und bis zu 22 Meter tiefe Bergsee auf 1520 Meter Meereshöhe – eine Kulisse wie aus einem Gemälde.

In den Rosengarten entführte wiederum der Zwergenkönig Laurin die schöne Simhilde. Gegen die zu Hilfe eilenden Ritter nutzte er eine Tarnkappe, die leichten Bewegungen der Rosen verrieten aber sein Versteck. Also strafte er diesen Verrat mit einem Fluch: Weder bei Tag noch bei Nacht sollten Menschen seinen Rosengarten jemals wieder erblicken. Weil er aber die Dämmerung vergaß, erstrahlen die Rosen im verzauberten Garten noch heute bei Sonnenuntergang und lassen so das sagenhafte Alpenglühen des acht Kilometer langen Bergmassivs zwischen Schlern und Karerpass entstehen.

Unromantischer, dafür logischer ist die Ableitung des Namens von *ruza*, »Geröllhalde«. Die höchste Erhebung des Rosengartens ist mit 3004 Metern der nur über einen Klettersteig erreichbare Kesselkogel.

Ob Zwergenkönig oder Geröllhalde, das Phänomen, wenn der Rosengarten am Übergang zwischen Tag und Nacht in wunderschönen Rottönen erstrahlt, hat einen eigenen Namen: *enrosadira*. Das ist genau der Moment, an dem sich, fernab vieler Menschen, das geschützte Naturdenkmal Karer See am schönsten genießen lässt. Oder frühmorgens, wenn im Herbst sanfte Nebelschwaden wie sagenhafte Wasserwesen aus dem See emporsteigen.

Karer See · Strada Statale 241 · 39056 Welschnofen · eggental.com/de/dolomitennatur/karer-see/erreichbarkeit-karer-see · Haltestelle: Karer See, Bus 180, 184, N180

DIE 1000-STUFEN-SCHLUCHT

87

Ein Blick auf Merans Lage reicht, um Wanderherzen höherschlagen zu lassen - ob hinauf zu den Gipfeln im Naturpark der Texelgruppe, über grüne Almen oder gemütlich entlang der Waalwege. Ein besonderes Highlight ist der schönste Abschnitt des Meraner Höhenwegs: die 1000-Stufen-Schlucht.

Es ist zwar nicht ganz der Gipfel, dem genussvollen Blick hinunter ins Tal auf die spektakuläre Landschaft mit den glitzernden Wellen der Etsch tut das aber keinen Abbruch. Nach einer gemütlichen Fahrt mit der Texelbahn ab Partschins hinauf zum 1565 Meter hohen Giggelberg warten atemberaubende Momente auf dem Wanderweg. Auf meist schmalen Pfaden geht es durch Lärchenwald, über natürliche Stufen und bunte Almwiesen, vorbei an einem wunderschönen Wasserfall bis hinein in die Schlucht der 1000 Stufen.

Eine spektakuläre Aussichtsplattform und ein felsiger Klettergarten warten unweit der Unterstellbahn Bergstation auf ambitionierte Genussabenteurer.

Zugegeben, Kondition ist nötig, und festes Schuhwerk sollte selbstverständlich sein. Und auch Mut. Eine neue Hängebrücke überspannt nämlich den tiefen Einschnitt, den die Naturgewalten formten. Knapp 300 Stufen und so einiges an Höhenmetern erspart man sich und wird zusätzlich mit einem spektakulären Blick in die Tiefe verwöhnt. Eine gemäßigtere Version folgt mit einer weiteren Brücke einige Kilometer später.

Ausreichend Flüssigkeit sollte jeder iim Rucksack haben; die frische Buttermilch und der köstliche Kaiserschmarrn verlocken aber trotzdem zu einer Einkehr auf der großzügigen Sonnenterrasse im Hofschank des Pirchhofs (nur eine von vier Einkehrmöglichkeiten auf der knapp zehn Kilometer langen Etappe). Am Ende der Genusswanderung geht es mit der Unterstellbahn hinunter ins Tal nach Naturns und von dort mit dem öffentlichen Nahverkehr zurück zum Ausgangspunkt.

1000-Stufen-Schlucht auf dem Meraner Höhenweg · Texelbahn · Ostern–Mai, 8–18, Juni–Sept. 8–19, Do & So 7–19, Okt.–Nov. 8–18 Uhr · www.texelbahn.com · Haltestelle: Texelbahn, Bus 265, 266, 268

88 IM ANGESICHT DES SCHLERN

Schroff und beschützend ragt die massive Felswand hinter dem ruhigen, klaren Bergsee in die Höhe. Am Fuße des Schlern liegt, umgeben von Wald, der Völser Weiher. Kein echter Geheimtipp, doch wenn frühmorgens die Nebelschwaden sanft aus dem Wasser emporsteigen, findet man auch hier noch absolute Ruhe.

Beim Baden in den Bergen denkt man normalerweise an kühle, tiefe Bergseen. Für den Völser Weiher gilt das nicht – hier lockt vielmehr der Blick. Groß ist er nicht, dafür idyllisch gelegen. Leonhard von Völs-Colonna wusste bereits im 16. Jahrhundert um die ruhige Lage, als er am Fuße des Schlernmassivs mit der Santnerspitze einen Fischteich anlegen ließ. Fischen ist heute nur mit Karte im oberhalb gelegenen Huber Weiher erlaubt, was den Völser Weiher zu einem wunderschönen Badesee und Biotop macht.

> Gemütlich dümpeln zwei Ruderboote vor der sonnigen Terrasse am Alten Gasthaus direkt am Weiher – der perfekte Ausklang nach einer Wanderrunde oder einem entspannten Seetag.

Eine komplette Seehälfte ist sich selbst überlassen. Pflanzen und Tiere finden hier großzügigen Lebensraum und reinigen auf diese Weise das Wasser. Besonders an heißen Sommertagen bietet das nur 3,5 Meter tiefe Gewässer auf einer Meereshöhe von über 1000 Metern Hochgenuss. Ein Strandbad mit hölzernen Planken, großer Liegewiese und bestens ausgestattetem Kiosk auf der Bergseite sorgt für ungehinderten Badespaß. Neben Abkühlung in einem der saubersten Badeseen Italiens hält der kurze, ebene Rundweg um den See weitere glücksbringende Momente bereit. Und: Eine Vielzahl schöner Bergtouren startet von hier.

Schnee und Eis verwandeln in der kalten Jahreszeit den Völser Weiher zu einem Eldorado für Schlittschuhläufer. Dann wird der See vom Schnee freigeräumt, was in dieser Region etwas ganz Besonderes ist und für große Begeisterung sorgt. Wissenswertes über das Gebiet findet sich an der Infostelle des Naturparkhauses Schlern-Rosengarten direkt am See.

Völser Weiher · Weiherstr. · 39050 Völs am Schlern · Haltestelle: Völser Weiher, Bus 13, Juni–Okt.

QUELLE FÜR ERHOLSAME STUNDEN

89

Nur sechs Minuten benötigt die Seilbahn von Lana hinauf aufs Vigiljoch - von 334 auf 1500 Meter. Oder besser gesagt: in eine andere Welt, in der die Zeit stillzustehen scheint. Angekommen auf dem Hausberg Lanas mit seinen farbenfrohen Schätzen.

Es ist ein wahrer Evergreen: Über saftig blühende Wiesen, durch hellgrün schimmernde, würzig duftende Lärchenwälder geht es hinauf, umweht von besonderen Aromen und berauscht von bunten Farbklecksen, die je nach Jahreszeit zwischen rosa Alpenrose, weißer Anemone, lila Fingerhut und dem blau leuchtenden Enzian wechseln. Das autofreie Naturschutzgebiet ist ein Idyll für Wanderer und Ruhesuchende. Gemütlich gelangt man auf leichten bis mittelschweren Touren zu Heilquellen, den Almen beim Bärenbad oder an den Waldsee Schwarze Lacke. Unterhalb der Baumgrenze, auf gut 1700 Metern, treten einige sehr ergiebige Quellen zutage. Das »blaue Gold«, das seit mehreren Hundert Jahren für die Höfe und Gastbetriebe auf dem Vigiljoch genutzt wird, fließt seit den 1960ern in kilometerlangen Leitungen ins Tal, wo es heute noch als »Meraner Mineralwasser« abgefüllt wird. Einige Quellen weisen eine erhöhte Konzentration an Radon, Jod und Arsen auf, was sie ideal für therapeutische Zwecke in den Kurbädern von Meran macht.

Prominent und weithin sichtbar stehen die grauen Mauern von St. Vigil am Joch auf 1793 Metern. Als Wetterkirche sollte sie die Menschen vor Unwettern schützen und Hagel, Blitz und Donner fernhalten. Jährlich im Juni, zum traditionellen Kirchtag, wird am Vigiljoch eine Bergmesse gefeiert. Ihre Erbauung an einem ehemals heidnischen Kultplatz wird auf das frühe Mittelalter datiert. Seither haben die historischen Mauern viel erlebt, sogar als Stall für das Vieh der Almbauern durften sie dienen. Übrigens: Genau genommen ist das Vigiljoch ein Ausläufer des Zufrittkamms der Ortler-Alpen. Deshalb kann man auch gemütlich über Aschbach und die dortige Seilbahn oder über die Naturnser Alm in den Vinschgau auf der anderen Bergseite absteigen.

Vigiljoch-Seilbahn · Villastr. 3 · 39011 Lana · Aug.–Sept. täglich 8–19, Mai & Okt. wochentags 8.30–13 & 14–18, Sa, So, feiertags 8.30–18, Nov.–April wochentags 9–13 & 14–17, Sa, So, feiertags 9–18 Uhr · www.vigilio.com · Haltestelle: Busbahnhof, Bus 244, 245, N245

90 BURNING DOLOMITES ÜBER DER PLÄTZWIESE

Inmitten der traumhaften Berggipfel des schroff emporragenden, immer aufs Neue faszinierenden UNESCO-Weltnaturerbes der Dolomiten prägen Ursprünglichkeit und Natürlichkeit die sonnige Panoramaterrasse der Plätzwiese.

Sacht verfärben sich ab Mitte September die Nadeln der unzähligen Lärchen in den Dolomiten von Grün auf Gelb. Ein Meer aus strahlendem Orange, Rot und Braun überzieht die Region mit einer ganz eigenen Stimmung. Die Herbstsonne erledigt den Rest, um das einzigartige Naturschauspiel »Burning Dolomites« zu inszenieren. Je nach Uhrzeit werden rechts der Hohe Gails der Fanesgruppe, die Cristallogruppe oder linkerhand der Dürrenstein über die gesamte Hochalm angestrahlt. Bis November wirkt es, als würden die Berge in Flammen stehen. Dann, wenn die Natur kaum schöner sein könnte, ist die Zeit der Genießer gekommen, um in aller Ruhe eine Auszeit vom Alltag zu nehmen.

Nur unweit des malerischen Pragser Wildsees liegt die Hochalm Plätzwiese. Zwischen leuchtenden Lärchen und den berühmten Gipfeln der Pragser Dolomiten bietet die auf 2000 Höhenmetern gelegene Wiesenfläche ein beeindruckendes Wandereldorado. Auf historischen Spuren einer österreichisch-ungarischen Befestigungsanlage führt der Weg auf den aussichtsreichen Strudelkopf, vorbei am Sperrwerk Plätzwiese direkt neben der Dürrensteinhütte. Erbaut 1889 bis 1894, diente es als Sicherung für Österreich, um einen Zugang ins Pustertal zu erhalten. Heute steht der Ort, der zu den österreichischen Festungswerken an der Grenze zu Italien gehörte, unter Denkmalschutz.

Was im Herbst als eines der schönsten Wandergebiete Südtirols zählt und im Winter Skitourengeher und Langläufer anzieht, verwandelt sich jeden Frühling in ein bilderbuchartiges Meer aus violetten und weißen Krokussen – Topfotomotive sind garantiert.

Plätzwiese · 39030 Prags · 10. Juli bis 10. Sept. 9.30–16 Uhr, nur mit öffentlichen Verkehrsmitteln · www.prags.net/aktivurlaub/plaetzwiese/ · Haltestelle: Parkplatz Brückele, Bus 443 · Mit dem Auto: Bruneck Richtung Toblach, Abzweig ins Pragser Tal, gebührenpflichtiger Parkplatz

ATEMBERAUBENDE BERGSPITZEN

91

Sanft wechselt der Himmel von leuchtendem Blau zu samtigem Orange. Hoch oben auf dem Bergrücken am Rande des Naturparks Puez-Geisler begeistert ausnahmslos das Panorama der Dolomiten. Kombiniert mit der freien Sicht ins Bozener Becken und über den Ritten, ist solch ein 360-Grad-Blick nur sehr selten zu finden.

Kein menschliches Geräusch ist am Übergang vom sommerlichen Tag zur lauen Nacht zu hören. Irgendwo raschelt ein Murmeltier, auch ein paar Vögel sind noch unterwegs. Oben am Gipfelkreuz Außerraschötz auf 2281 Metern schweift der Blick über die faszinierende Natur. Magisch zieht es die Augen über die schroffen Spitzen der umliegenden Gebirgsgipfel von Schlern-Rosengarten, Latemar, Langkofel- und Sellagruppe, Marmolata, Seceda und die Geislergruppe. Dank der in St. Ulrich startenden Raschötz-Standseilbahn und einer gemütlichen Tour auf dem Panoramaweg ist der höchste Punkt nach etwa 50 Minuten zu erreichen. Sehenswert ist die auf dem Weg liegende Heiligkreuzkapelle. Die Raschötz zählt zu den leicht zu erreichenden Zielen des Grödner Tals. Gemütliche Wanderungen starten hier oder führen ab St. Ulrich direkt hinauf zum handgeschnitzten Gipfelkreuz.

Auf Nachfrage lässt sich ein kleines Vesper in der Hüttenküche verpacken und am Gipfelkreuz genießen. Kann ein Sonnenuntergang schöner sein?

Langsam verwandelt die Nacht den Himmel in ein schwarzes Meer aus glitzernden Sternen. Glücklich, wer jetzt nicht mehr absteigen muss. Denn das Gewusel der Tagesgäste, die die traditionsreiche Südtiroler Küche auf der sonnigen Terrasse genießen, endet nach Abfahrt der letzten Bahn schlagartig und verwandelt sich in himmlische Ruhe. 2010 musste die 1903 erbaute und nun in die Jahre gekommene alte Schutzhütte komplett abgerissen und durch ein energiesparendes Gebäude ersetzt werden. Seither bieten die Hüttenwirte neben Übernachtungen auch Frühstück sowie Halbpension an – ein Genuss, den man das ganze Jahr hindurch erleben kann.

Raschötz Gipfelkreuz · Standseilbahn Raschötz ab St. Ulrich · Haltestelle: Seilbahn Raschötz

92 WO MILCHKANNEN DEN ZAUN ZIEREN

Es darf sportlich werden, aber noch moderat? Dann bieten die unterschiedlichen Waalwege rund um Meran die perfekte Lösung. Außergewöhnlich endet oder beginnt, je nach gewähltem Streckenverlauf, der alte Schenner Weg am gastronomischen Waalerhäuschen.

So sonnig sich das Südtiroler Wetter zeigt, so trocken ist die Region. Ein ausgedehntes Bewässerungssystem aus dem 13. Jahrhundert kanalisiert noch heute wirkungsvoll die kostbare Ressource Wasser zu Weinreben und Obstplantagen. Ein ausgeklügeltes System, das – größtenteils offen und oberirdisch fließend – mittels Holzschieber und Wehren die Bewässerung reguliert. Schmale Wege mit einem sehr moderaten Gefälle führen entlang dieser Kanäle, begleitet vom sanften Plätschern des kühlen Nass'. Was eigentlich der Instandhaltung der Wasserrinnen dient, bildet auch die Grundlage schöner Genusswanderungen durch lichte Wälder, unter Weinreben hindurch oder an Obstplantagen vorbei.

Besonders im Frühjahr zur Apfelblüte oder im Herbst zur Apfelernte werden Waalwege zu genussvollen Erlebnissen.

Am Eingang des Passeiertals in Verdins, vorbei an der Talstation der Taser Alm, trifft man auf den den alte Schenner Waalweg. Nach traumhafter Aussicht auf St. Georgen führt der Waal ins Naiftal hinein, wo der Schennaberg und damit auch der Waalweg am Waalerhäusl endet. Der ehemalige Unterschlupf der Waaler, ein Berufsstand, der für Instandhaltung, Pflege und Wartung zuständig war, ist heute eine gemütliche Jausenstation im Wald. Milchkannen zieren den Zaun, und so manch liebevoll drapierte Deko lädt neben köstlichem Essen zum Verweilen ein.

Für den Rückweg bietet es sich an, die Talstation der Bergbahn zu passieren und dem Wegweiser Nr. 15 auf dem neuen Waalweg weiter bis nach Schenna zu folgen. Für die gemütliche Wanderung sind gut zehn Kilometer, 250 Höhenmeter hinauf und gut 530 hinab zu meistern. Wer an einem Waalweg entlangspaziert, genießt ein erhaltenswertes Südtiroler Kulturgut.

Schenner Waalweg · Streckenverlauf: Verdins–Schenner Waalweg–St. Georgen–Naif–Goyen–Schenna · Haltestelle: Seilbahn Taser, Bus 233

Stollen-
Milch

MURUNDUM

NATURSTEINPARADIES IM WEINLAND

93

»Guter Wein, perfekter Urlaub« - genau diesen Ausspruch hört man immer wieder von Menschen, die sich eine kleine Auszeit im südlichsten Zipfel Südtirols gönnen. Kein Wunder – hier geht es eben auch eine Spur naturnaher, authentischer und langsamer zu. Auch eine Spur weniger touristisch, dafür aber weinseliger.

Wie ein Landschaftsarchitekt hat die Natur die Region im Südtiroler Unterland terrassenförmig angelegt. Mit Natursteinmauern wurde diese Kulturlandschaft von unseren Vorfahren kunstvoll erweitert, um den Weinreben beste Voraussetzungen für ein ertragreiches Gedeihen zu schaffen. Entlang dieser stützenden Trockensteinmauern, Rückzugsort vieler Insekten und Reptilien, führen besondere »MURundum«-Wanderwege durch eine einmalige Rebenlandschaft. Der Name setzt sich übrigens aus dem lateinischen *murum* für »Mauer«, kombiniert mit dem Wort »rundum«, zusammen. Nichts passt besser zu einem Wegenetz entlang der steinernen Mauern rund um Kurtatsch.

Je nach Kondition und Können lässt sich für jeden der richtige Weg durch eine uralte Kulturlandschaft finden, etwa vorbei an historischen Kreuzwegkapellen, über den Lottersteig und die Katzenleiter hinauf. Sechs unterschiedlich schwierige Touren sorgen für jede Menge Abwechslung. Von gemütlichen 1,7 bis zu ausgiebigeren 8,5 Kilometern ist alles dabei. Und auch die Höhendifferenz lässt sich anpassen. Wer möchte, kann es bei nur 80 Höhenmetern belassen, andere bewältigen gar 470 Höhenmeter, um den besten Ausblick zu erhalten. Gemütliche Einkehrmöglichkeiten bieten Gasthäuser und Buschenschanken auf dem Weg.

Übrigens: Die Natursteinmauern, die so charakteristisch für das Landschaftsbild dieser Region sind, gehören keinesfalls der Vergangenheit an. Auch heute noch arbeiten überaus tüchtige und fachkundige Meister dieser alten Handwerkskunst in den Gemeinden daran und lassen so diese Tradition weiterleben.

Tourismusverein Südtiroler Unterland · Hauptmann Schweiggl Platz 8 · 39040 Kurtatsch an der Weinstraße · www.suedtiroler-unterland.it · Haltestelle: Rathaus, Bus 125

94 GROSSARTIGE GIPFELSCHAU

Auf dem Gipfelplateau angekommen, eröffnet sich ein imposanter 360-Grad-Panoramablick über die mächtige Geislergruppe, die Stevia und die Sellagruppe bis hinüber zum Lang- und Plattkofel, direkt über den Schlern und das Hochplateau der Seiser Alm. Im Rücken die schroffen Felsen der Fermedatürme, die erhaben in den Himmel ragen – auf der einen Seite mit saftigem Gras bewachsen, steil abfallend auf der anderen. Der Aussichtspunkt ist zwar recht beliebt, dennoch lohnt sich der Ausflug – vor allem, wenn man den passenden Zeitpunkt findet, um diesen Platz in Ruhe zu genießen. Was genau dann ist, wenn die Seilbahnen aus St. Christina und St. Ulrich stillstehen.

Col-Raiser-Bahn · Raiserstr. 65 · 39048 Wolkenstein in Gröden · www.colraiser.it · Haltestelle: Col Raiser, Bus 358
Seceda Seilbahn · Annatalstr. 2 · 39046 St. Ulrich · www.seceda.it · Haltestelle: Seceda, Bus 356

95 STEINIG – SPITZ – STIMMUNGSVOLL

Wenn in Südtirol von beeindruckenden Erdpyramiden die Rede ist, geht die Reise meist auf das Rittner Sonnenplateau. Einen eher unbekannten, doch nicht weniger faszinierenden Pyramidenweg findet man hingegen direkt gegenüber, auf der anderen Talseite, im Sternendorf Steinegg. Urzeitliche Giganten aus Lehm hat die Natur mithilfe jahrtausendelang einwirkender Erosionskräfte geschaffen, unverkennbare Skulpturen sind zu sagenumwobenen Kunstwerken aus längst vergangenen Zeiten geworden. Der »gelben Pyramide« folgend, ist der Rundwanderweg (sechs Kilometer und 240 Höhenmeter sind dabei zu bewältigen) zu den eiszeitlichen Lehmriesen von Steinegg durch die Katzenbachschlucht beschildert. Wissenswertes über die bis zu 30 Meter in den Himmel ragenden Erdpfeiler, buchstäblich behütet von Felsbrocken auf der Pyramidenspitze, findet sich auf Tafeln am Wegesrand.

Steinegger Erdpyramiden Weg · https://www.komoot.de/tour/1169387410 · Haltestelle (und Startpunkt): Steinegg Dorf

DAS GROSSE RAUSCHEN

96

Ein Schauspiel der Natur, gebildet aus weichem Wasser und schroffem Fels: So formte die wild rauschende Passer (lange Zeit für Wanderer nicht zugänglich) ihr beeindruckendes Flussbett zwischen St. Leonhard und Moos im Passeier.

Ganz hinten im Passeiertal, am Anfang der Passerschlucht, steht ein in den Felsen gehauener Bunker – ein Relikt aus dem Zweiten Weltkrieg und heute ein eindrucksvolles Museum. In kühlen Bergstollen wird über die Geschichte des Tals von der Steinzeit bis in die Gegenwart berichtet. Etwas unheimlich, bedrückend und sehr feucht – also nichts für schwache Nerven – führt eine enge Wendeltreppe 177 Stufen hinauf zu den ehemaligen Gefechtsanlagen. Zur Beruhigung grasen dort ein paar anmutige Kletterer im felsigen Freigelände des einzigen Steinbockgeheges Südtirols.

Zugegeben, Gipfel haben etwas Magisches … Täler aber auch. Unweit der historischen Museumsanlagen wurde in einem ehrgeizigen Projekt nach drei Jahren Bauzeit die Passerschlucht für Besucher erlebbar gemacht. Die faszinierende Wanderung führt über Stege und metallene Brücken, teils schmale Wege und Gitter und vorbei an Gletschermühlen, die sich wie Zeugen der letzten Eiszeit spiralförmige Vertiefungen geschliffen haben.

Der dritthöchste Wasserfall Europas verzaubert am alten Gomioner Kraftwerk, das ebenfalls einen Besuch wert ist, ebenso wie außergewöhnliche Strudellöcher in massiven Felsformationen und kleine Kaskaden, an denen muntere Gischtfontänen für wohltuende Abkühlung sorgen, wenn die Hitze des Sommers unerträglich wird, oder als mystische Nebelschwaden im Herbst aufsteigen und eine gespenstische Atmosphäre erzeugen. Abwechselnd zwischen Felsriesen und Waldabschnitten schlängelt sich der Weg direkt am Flussufer entlang. Zu jeder Jahreszeit und bei jedem Wetter sind hier eindrucksvolle Augenblicke inmitten eines abwechslungsreichen Naturschauspiels garantiert – mit einem grandiosen Hauptdarsteller von unnachahmlicher Schönheit.

Bunker Mooseum · Dorf 29 · Moos in Passeier · April–Okt. täglich Di–So 10–18 Uhr · www.bunker-mooseum.it · Haltestelle: Moos, Dorf, Bus 240, 335, N240

97 SPEKTAKULÄR: VELLAUER FELSENWEG

Gemütlicher kann man kaum zum Startpunkt einer Wanderung über die Weinberge schweben. Die beiden Lifte hinauf zur Leiteralm sind wahrlich ein Erlebnis. Letzteres gilt auch für den Vellauer Felsenweg, der unbeschreibliche Panoramablicke eröffnet – allerdings sind dort Schwindelfreiheit und Trittsicherheit gefragt.

Sanft schwebt der rote Plastiksessel des einsitzigen Plars-Lifts über herrlich blühende Wiesen und üppige Weinreben hinauf zu den auf 980 Metern gelegenen Vellauer Höfen. Wenige Schritte entfernt geht die Fahrt in einem grünen Gitterkorb weiter hinauf zur Leiteralm auf 1550 Metern. Allein schon die beiden Liftfahrten sind ein kleines Abenteuer, das man mit einem kulinarischen Genuss auf der Leiteralm krönen kann.

Auf Höhe der Leiteralm starten viele anspruchsvolle Wanderungen im Naturpark Texelgruppe. Alternativ kann man auch gemütliche Brettljausen genießen.

Wandertechnisch startet hier der Hans-Frieden-Weg, ein Teilstück des Meraner Höhenwegs. Wer ihn gehen möchte, sollte schwindelfrei und trittsicher sein. Er verläuft in luftiger Höhe entlang der Bergflanke nahezu eben oberhalb des Vellauer Felsenwegs (über den wir später zurück zur Bergstation des Sessellifts Vellau gelangen). Der durchgängig schmale Steig ist teilweise seilgesichert, während es rechts mehrere Hundert Meter steil (!) hinunter ins Tal geht. Unbeschreiblich sind dafür die Ausblicke auf Meran, das Etschtal und die Dolomiten. Und beim Blick über die Schulter beeindruckt die Bergwelt des Vinschgaus. Faszinierender ist selbst die Aussicht von der Plattform unterhalb des Gasthofs Steinegg nicht, nur einfacher vom Dorf Tirol aus mit der Hochmuth-Seilbahn zu erreichen. Wer für den Rückweg nicht die Bahn ins Tal nehmen möchte, wandert auf dem Vellauer Felsenweg – eine Etage tiefer, aber erneut mit traumhaften Ausblicken – zurück zur Bergstation des Sessellifts in Vellau. Überlegen Sie unbedingt vorab, ob bzw. an welcher Station Sie die Bahn nutzen möchten, um dafür die passenden Tickets zu lösen.

Sesselllift Plars · Vellau 13 · 39022 Vellau/Algund · Haltestelle: Pirbamegg, Bus Meran–Vellau 235, 237

KÖSTLICHER ZIEGEN-KÄSE VON DER ALM

98

Wenn man seine Touren gekonnt kombiniert, vereint sich die atemberaubende Schönheit der Berge mit kulinarischen Genüssen selbst dort, wo man es nicht unbedingt erwarten würde. Alle Käseliebhaber sollten sich die Region am Gitschberg unbedingt vormerken.

Um auf den Almen die Käseherstellung aktiv mitzuerleben, eignet sich am besten die Zeit von Frühling bis tief in den Herbst. Dann nämlich laden in der Gegend des Gitschbergs zahlreiche Unternehmungen Familien und Genießer zum Mitmachen ein. Auch für Ruhesuchende ist es hier ideal. Traumhafte Wanderwege führen zu idyllischen Plätzen. Und ganz egal, ob geführte Biketour, Gipfelbesteigung oder entspanntes Ausflugsziel: Wenn Sie sich am Eingang des Pustertals auf eine genussvolle Spurensuche begeben, werden Sie auch kulinarisch fündig.

Viele familiengeführte, oft kleine Betriebe beschäftigen sich mit Obst- und Weinanbau oder als mutige Pioniere intensiv mit der Ziege als Milchlieferant für Käse. Ein Beispiel ist die Wieserhütte im malerischen Altfasstal. Mit der Bahn geht es hinauf auf den 2050 Meter hohen formschönen Gitschberg, um auf ausgeschilderten Wegen in Richtung herzhafte Käseherstellung zu wandern. Zum eindrucksvollen Bergpanorama werden im rustikalen Schankbetrieb Südtiroler Köstlichkeiten gereicht. Ein Blick hinter die Kulissen der Alm-Käserei zeigt außerdem, mit wie viel Liebe zum Detail hier gearbeitet wird. Glücklicherweise stehen an der Wieserhütte Leihräder bereit, um rollend auf dem Fahrweg ins Tal zu gelangen. Eine Alternative dazu kann für die Sommermonate eine Nacht in den Bergen sein.

Auch bei Schnee bieten die acht Ortschaften des Gitschberg Jochtals ihre Vorzüge. Der Winter zeigt sich hier wie aus dem Bilderbuch. Auf perfekt präparierten Pisten wird gecarvt, wild gerodelt oder gemütlich mit den Schneeschuhen gewandert. Sonnenverwöhnt und dennoch schneesicher, finden sich prickelnde Winterimpressionen auch beim Langlaufen, Skitourengehen und Winterwandern – ein uneingeschränktes Schneevergnügen.

Wieserhütte · Altfasstal · 39037 Mühlbach ·
www.meransen-ferien.com/it/rifugio-alpino-wieserhuette

99 AUF DEM WEG DER STERNE

Das Eggental bringt alle Sonne-Mond-und-Sterne-Fans zum Strahlen. In Europas erstem Sternendorf geht es mit dem kleinen gelben Stern Luxi auf eine abenteuerliche Reise ins Weltall. Ein Planetarium, eine Sternwarte und der Planetenweg bringen den Himmel herab auf die Erde – oder sinnbildlich die Menschen hinauf.

Um alle Geheimnisse des Universums zu entdecken, verbindet ein zwölf Kilometer langer »Weg der Sterne« die einzelnen Komponenten. Durch einen überdimensionalen Fotoapparat zoomt man sich hinauf ins samtige Schwarz des Sternenhimmels. Schnell finden sich Möglichkeiten, die Orientierung am nächtlichen Himmel zu erlangen, was mithilfe einer drehbaren Sternenkarte vereinfacht wird.

> Im April finden astronomische Nachtwanderwochen statt. Dabei erfährt man auch, wie sich der nächtliche Sternenglanz am besten fotografieren lässt.

Ein längerer Pausenstopp lohnt sich an der einzigen offiziellen Sternwarte Südtirols. Beeindruckend nah lässt sich hier ganzjährig die Welt der Gestirne durch das 3500 Kilogramm schwere Hauptfernrohr erleben. Das Sonnenobservatorium Peter Anich bietet allerdings nur in den Sommermonaten regelmäßige Führungen an. Und mit dem »Kosmos Simulator« geht es im Planetarium auf eine Entdeckungsreise zu fernen Welten.

Ein Eldorado nicht nur für kleine Kinder, um sich so richtig auszutoben und abzuheben, ist das hölzerne Raketen-Baumhaus, das recht erdnah auf dem »Weg der Sterne« zu finden ist. Immer dabei als Wegweiser ist Luxi, ein kleiner gelber Stern, der am Ende des Weges noch auf den beleuchteten Mini-Sternenweg in Steinegg führt, eine Kunstinstallation mit besonderer nächtlicher Beleuchtung. Wer hingegen lieber das Sonnensystem im Maßstab eins zu einer Milliarde von Merkur bis Pluto vor der Kulisse von Latemar und Rosengarten erwandern möchte, startet am besten in Gummern zu einer fulminanten Rundwanderung auf dem Planetenweg.

Sternendorf · Tourismus Steinegg · Kirchweg 5 · 39053 Steinegg · www.sternendorf.it · Haltestelle: Steinegg Dorf

KLEINOD FENNBERGER HOCHPLATEAU

100

Kurvenreich schlängelt sich die kleine Bergstraße von Kurtatsch im südlichen Unterland durch Wälder, Wiesen, Weinreben und Obstgärten auf das Fennberger Hochplateau. Neben einem zauberhaften See gibt es hier fünf gigantische Mammutbäume – und die höchste Müller-Thurgau-Weinlage Europas.

Wie ein verborgener Schatz liegt er am Ende einer kurvenreichen Bergstraße auf einem ruhigen Hochplateau: der kleine Fennberger Badesee. Obwohl als Biotop ausgewiesen, darf es zum Baden genutzt werden. Vom hölzernen Steg bietet sich ein wunderschöner Panoramablick über die kleine Kirche und die umliegenden Berge. Während man im Sommer zwischen Seerosen und Libellen ein paar Bahnen zieht, ist der See im Winter ein beliebter Eisplatz.

> Im Sommer ist das Plateau am Wochenende und an Feiertagen mit dem Citybus erreichbar, in der restlichen Zeit benötigt man Muskelkraft oder ein Fahrzeug.

Zahlreiche Wanderwege, Klettersteige und Biketouren lassen das Fennberger Hochplateau zu einem attraktiven Ausflugsziel werden. Eine Besonderheit stellt die auf 1000 Metern höchstgelegene Müller-Thurgau-Weinanlage Europas dar, denn klassisch fühlt sich der hellgelbe, in seiner Säure angenehm dezente Weißwein eher in tieferen Lagen wohl. Doch nicht nur Wein gedeiht hier. Nahe dem Bergansitz Fennhals, etwa 300 Meter entfernt vom kleinen Gasthaus Fennhals direkt in einer Straßenkurve, strecken 40 Meter hohe Mammutbäume ihre Kronen gen Himmel. Bis zu 4,5 Meter Umfang messen die Stämme dieser Zypressengewächse. Die dicke, faserige Rinde schützt vor Waldbränden und macht den Baum frostverträglich. Zu Ehren des 50-jährigen Krönungsjubiläum des österreichischen Kaisers Franz Joseph I. wurden sie 1898 hier gepflanzt – und sind seither beeindruckend gewachsen.

Auf dem Rückweg vom Fennberg See nach Kurtatsch lohnt ein kleiner Abstecher nach Graun. Prominent ist die hübsche St. Georg-Kirche sichtbar. Und nach ein paar Schritten durch die Weinberge eröffnet sich von einem Felsvorsprung ein grandioser Ausblick über das gesamte untere Etschtal.

Fennhals · 39040 Kurtatsch · www.suedtiroler-unterland.it

IMPRESSUM

Verantwortlich: Claudia Hohdorf
Lektorat: Helga Peterz
Layout: BUCHFLINK Rüdiger Wagner
Repro: LUDWIG:media
Korrektorat: Christiane Gsänger
Umschlaggestaltung: Nina Andritzky
Kartografie: Kartographie Huber, Heike Block
Herstellung: Alexander Knoll
Printed in Poland by CGS Printing

★★★★★

Sind Sie mit diesem Titel zufrieden? Dann würden wir uns über Ihre Weiterempfehlung freuen. Erzählen Sie es im Freundeskreis, berichten Sie Ihrem Buchhändler, oder bewerten Sie bei Onlinekauf. Und wenn Sie Kritik, Korrekturen, Aktualisierungen haben, freuen wir uns über Ihre Nachricht an Bruckmann Verlag, Postfach 40 02 09, D-80702 München oder per E-Mail an lektorat@verlagshaus.de.

Unser komplettes Programm finden Sie unter www.bruckmann.de

Alle Angaben dieses Werkes wurden von der Autorin sorgfältig recherchiert und auf den aktuellen Stand gebracht sowie vom Verlag geprüft. Für die Richtigkeit der Angaben kann jedoch keine Haftung übernommen werden.
In diesem Buch wird aus Gründen der besseren Lesbarkeit das generische Maskulinum verwendet. Weibliche und anderweitige Geschlechteridentitäten werden dabei ausdrücklich mitgemeint, soweit es für die Aussage erforderlich ist.

Bildnachweis: Alle Bilder stammen von der Autorin mit Ausnahme von S. 88 o.: MiBulli

Die Deutsche Nationalbibliothek verzeichnet diese Publikation in der Deutschen Nationalbibliografie; detaillierte bibliografische Daten sind im Internet über http://dnb.d-nb.de abrufbar.

ISBN 978-3-7343-2874-9